Carsten Christier
Andreas Lignow

Fahrzeuge der Hamburger Hochbahn

Omnibusse

1998 – 2016

Impressum:
Carsten Christier und Andreas Lignow
Fahrzeuge der Hamburger Hochbahn:
Omnibusse 1998-2016

Herstellung und Verlag:
Books on Demand GmbH, Norderstedt
ISBN: 978-3-7412-8960-6

VORWORT

Im Jahre 1997 beschaffte die Hamburger Hochbahn die ersten Mercedes Benz Citaro und läutete damit das Zeitalter der herstellerindividuellen Fahrzeuge ein. Zuvor waren die Fahrzeuge der unterschiedlichen Hersteller weitesgehend einheitlich nach VÖV-Vorgaben gefertigt worden.

Zusätzlich dazu begann bei der Hamburger Hochbahn die Ära des gemischten Fuhrparks verschiedener Hersteller, die es jahrezehntelang, abgesehen von einigen wenigen Testfahrzeugen so nicht gegeben hat.

Begleiten Sie uns durch die Zeitreise der Entwicklung des Fuhrparks von den ersten Citaros, die zur Unterscheidung trotz des Baujahres von 1997 bereits Wagennummern des Baujahres 1998 bekamen, bis hin zu den Hybrid-Fahrzeugen des Baujahres 2016.

In den fast 20 Jahren der Entwicklung wurden Fahrzeuge der Hersteller Mercedes-Benz, heute Evobus, MAN, VanHool, Volvo und Solaris beschafft, die jeweils nach Serien getrennt einzeln vorgestellt werden.
Alle Serien werden, soweit in unserem Archiv vorhanden, mit Fotos und Typenblättern vorgestellt.

Wir bedanken uns für dieses Buch bei der Hamburger Hochbahn für die Genehmigung und für die Erlaubnis der Nutzung ihres Archives, sowie bei der HBW Hamburger Buswerbung GmbH

Weitere Fotographien in diesem Buch stammen von den Autoren, sowie von Markus Doemens und aus dem Archiv von Hans-Peter Martin.

Nun viel Spaß beim Streifzug durch die vergangen Jahre der Busbeschaffungen bei der Hamburger Hochbahn.

Hamburg im Oktober 2016

Carsten Christier
Andreas Lignow

Serie 1801-1835

Nachdem die Hamburger Hochbahn bereits bei der letzten VÖV-Serie, den 17er O405N2 einen neuen Weg in Sachen Elektrik und neuem Cockpit eingeschlagen hat, wurde nun von diesem Fahrzeugtyp gänzlich Abschied genommen und der Nachfolgetyp beschafft.

Diese erste Citaro Serie (MB O530) wurde bereits ab 1997 beschafft, erhielt zur strikten Abgrenzung zu den vorigen Lieferungen aber bereits die Wagennummern des Baujahres 1998, ursprünglich noch geplant als 1736 ff.

Diese erste, noch sehr fehlerbehaftete Citaro-Serie in Deutschland verfügte noch über die alte Fahrzeugbreite von 2,50m, Euro 2 Motor und bauten in der Inneneinrichtung noch auf die letzte Serie auf, somit verzichtete man noch auf die sogenannte Konferenzbestuhlung im Heckbereich.

Neu war bei diesen Fahrzeugen die große Heckzielanzeige.

Die Fahrzeuge waren bei der Hochbahn aufgrund der Störanfälligkeit nicht lange im Einsatz und wurden bereits zwischen 2002 und 2004 gegen neue Fahrzeuge gewandelt.

Serie 1840-1863

Bereits im Jahr 1998 wurde eine zweite Serie bestellt, die im Gegensatz zur ersten Serie einige Änderungen aufwies.

Aufgrund von Überhitzungsproblemen bei der ersten Serie erhielten die Fahrzeuge dieser zweiten Serie zusätzlich Lüftungsschlitze in der Heckklappe.

Außerdem erhielten die Fahrzeuge erstmals eine einseitige Längsbestuhlung auf der Türseite im Heck, um Vandalismusschäden vorzubeugen.

Wie auch die erste Serie wurden diese Fahrzeuge bereits 2002-2004 aufgrund der hohen Störanfälligkeit gegen neue Fahrzeuge gewandelt.

Serie 1890-1892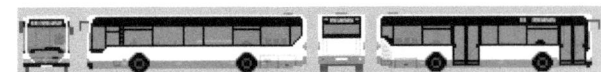

Da die ersten beiden Serien aufgrund ihrer hohen Störanfälligkeit oft ausfielen, stellte Mercedes Benz der Hamburger Hochbahn drei zusätzliche Fahrzeuge zur Verfügung.
Die Fahrzeuge 1890 und 1891 verfügten als erste über die neue sogenannte Konferenzbestuhlung im Heck, also Längssitze an beiden Fahrzeugseiten.
Das Fahrzeug 1892 verfügte noch über die nur einseitig vorhandene Längsbestuhlung.

Alle drei Beschaffungsserien verfügten ursprünglich nicht über Klappfenster im Heckbereich, diese wurden, mit Ausnahme von Wagen 1890 in den Jahren 1999 und 2000 nachgerüstet.

Diese Fahrzeuge wurden ebenfalls früh ausgemustert und gegen neue Fahrzeuge gestauscht.

Serie 1871-1874

Diese vier Fahrzeuge wurden ursprünglich für die Hochbahn-Tochter Jasper beschafft. Es handelte sich um Fahrzeuge mit der sogenannten Überlandfront. Außerdem waren sie als dreitürige Fahrzeuge ausgeführt und waren für den Airport-Express beschafft und damit auch in der Farbgebung gelb/rot lackiert.

Außerdem verfügten sie über eine bequemere Bestuhlung.

Da die Hochbahn dreitürige Fahrzeuge zu Testzwecken einsetzen wollten, wurden die Wagen 2004 von Jasper übernommen und bereits im Jahr 2005 wieder ausgemustert und durch neue dreitürige Serienfahrzeuge (2521-23) ersetzt.

Wagen 1900

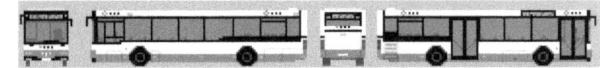

Um ein Vergleichsfahrzeug zu den fehlerbehafteten Citaros zu testen, beschaffte die Hochbahn mit Wagen 1900 ein Vorführfahrzeug von MAN, welches im Vergleich bedeutend zuverlässiger lief.

Das Fahrzeug wurde auf allen Betriebshöfen getestet, um dann in Harburg stationiert zu werden. Im weiteren Verlauf wurden alle MAN auf dem Betriebshof Wandsbek zusammengezogen, so auch Wagen 1900, der im Jahre 2012 ausgemustert wurde und somit im Gegensatz zu den ersten Ciatro-Serien ein normales Alter für Linienbusse bei der Hochbahn erreichte.

Busscheibe 14 – Wagen-Nr. 1900 MAN

Stadt-Omnibus Typ – MAN NL 263

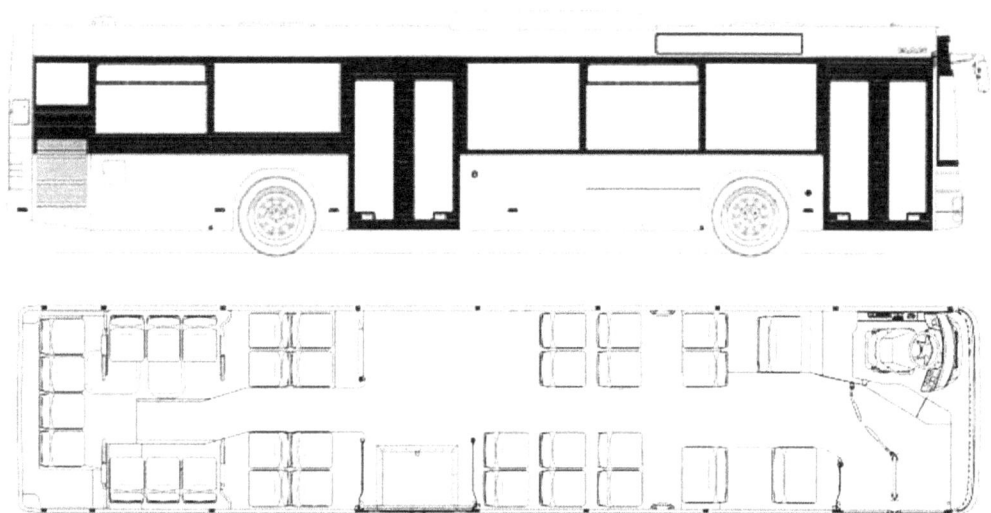

Allgemeine Daten
Baujahr	1999
Sitzplätze o. Fahrerplatz	33
Stehplätze	60
Gesamtplätze	93

Technische Daten
Eigengewicht	10.900 kg
Zul. Gesamtgewicht	17.800 kg
Zul. Achslast - Achse 1	6.300 kg
Zul. Achslast - Achse 2	11.500 kg
Zul. Achslast - Achse 3	-
Zul. Achslast - Achse 4	-
Länge	11.950 mm
Breite	2.500 mm
Höhe	2.880 mm
Höchstgeschwindigkeit	90 km/h
Reifengröße	275/70 R22,5
Wendekreis	22,15 m
Kraftstoff-/ Zusatztank	310 l
Heizöltank	70 l
Ad-Blue-Tank	-
Motoröl / Nachfüllbeh.	21,5 l / 10 l
Kühlflüssigkeit	50-60 l
Motor	MAN, Euro-2 Motor, D0826 LUH13
Hubraum	6.871 cm^3
Leistung	191kW (260PS)
Getriebe	Voith, Diwa 854.3 (4-Gang)

Abgasnachbehandlung	CRT (HJS 48 SMF)

Ausrüstung
Klimaanlage	-
Fahrzeug-Elektronik	ABS, ASR, EMR, ECAS
Türsystem	Pneumatische Innenschwenktür

2010-11-01

Serie 1901-1905

Nach den Problemen mit den 18er Citaros beschaffte die Hochbahn 1999 eine erste kleine Serie von fünf weiteren Citaros, um zu sehen, ob die Kinderkrankheiten abgestellt wurden. Dieser Umstand führte dazu dazu, dass die letzten Hochflurfahrzeuge der Hochbahn noch drei Jahre länger bis 2003 im Einsatz waren, als ursprünglich angedacht.

Diese Fahrzeuge wiesen ab sofort eine Breite von 2,55m auf (MAN baute weiter mit 2,50m Breite), da dies per Gesetzesgrundlage inzwischen gestattet war.

Ab sofort wurden zweitürige Solo-Fahrzeuge, sowie dreitürige Gelenkbusse nur noch mit Konferenzbestuhlung beschafft.

Technisch wurden einige grundlegende Veränderung vorgenommen, so dass die alte Zuverlässigkeit von Mercedes-Fahrzeugen per sofort wieder hergestellt war.

Zusätzliche Änderung war die Anordnung der Dachluken, die etwas weiter in das Fahrzeugheck verlegt wurden.

Busscheibe 15 – Wagen-Nr. 1901 - 1905 EvoBus

Stadt-Omnibus Typ – O530 N3

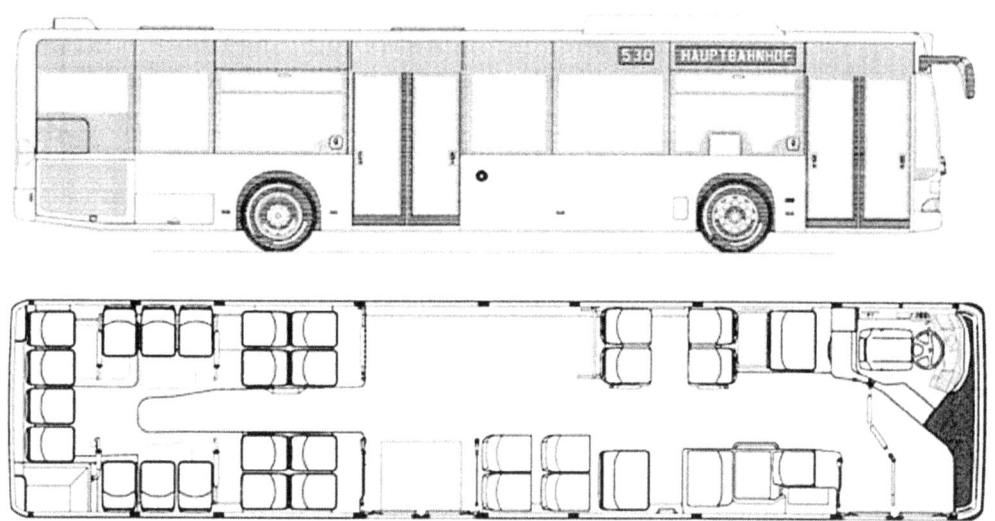

Allgemeine Daten	
Baujahr	1999
Sitzplätze o. Fahrerplatz	33
Stehplätze	66
Gesamtplätze	99

Technische Daten	
Eigengewicht	11.000 kg
Zul. Gesamtgewicht	18.000 kg
Zul. Achslast - Achse 1	6.930 kg
Zul. Achslast - Achse 2	11.500 kg
Zul. Achslast - Achse 3	-
Zul. Achslast - Achse 4	-
Länge	12.000 mm
Breite	2.550 mm
Höhe	2.990 mm
Höchstgeschwindigkeit	90 km/h
Reifengröße	275/70 R22,5
Wendekreis	21,30 m
Kraftstoff-/ Zusatztank	280 l
Heizöltank	50 l
Ad-Blue-Tank	-
Motoröl / Nachfüllbehälter	25 l / 19,5 l
Kühlflüssigkeit	50 l
Motor	EvoBus, MB, EURO-2 Motor, OM 906(h)LA
Hubraum	6.374 cm^3
Leistung	205kW (279PS)
Getriebe	ZF, Ecomat 6 HP 502 (6-Gang)
Abgasnachbehandlung	CRT (HJS 12 Keramik)

Ausrüstung	
Klimaanlage	-
Fahrzeug-Elektronik	ABS, ASR, EBS, ENR
Türsystem	Pneumatische Innenschwenktür

2010-11-01

Serie 1906-1914

Bei dieser Serie gab es einige Änderungen gegenüber den fünf letzten Fahrzeugen.

Die Rillen in den Radlaufkästen im Fahrgastraum entfielen bei dieser Serie, ebenso entfiel der hohe Kühlkasten im Heck.

Die Sitze im Heck waren ab sofort einzelne Schalensitze und keine durchgehende Sitzbank mit einzelnen Polstern mehr.

Die Wagen 1906-1910 wurden weiß geliefert und hatten Sitzploster ohne Eigentümerbeschriftung, die anderen Fahrzeuge hatten bisher (mit Ausnahme von 1871-74) Sitzploster mit HHA-Beschriftung.

Die Pedalerie im Fahrerplatz wurde geändert, das Bremspedal war fortan kleiner gehalten. Fortan erhielten die Busse manuelle Fahrerfenster.

Die Haltestellen-Innenanzeige war fortan gelb gehalten und nicht mehr rot wie bisher.

Busscheibe 16 – Wagen-Nr. 1906 – 1924 EvoBus

Stadt-Omnibus Typ – O530 N3

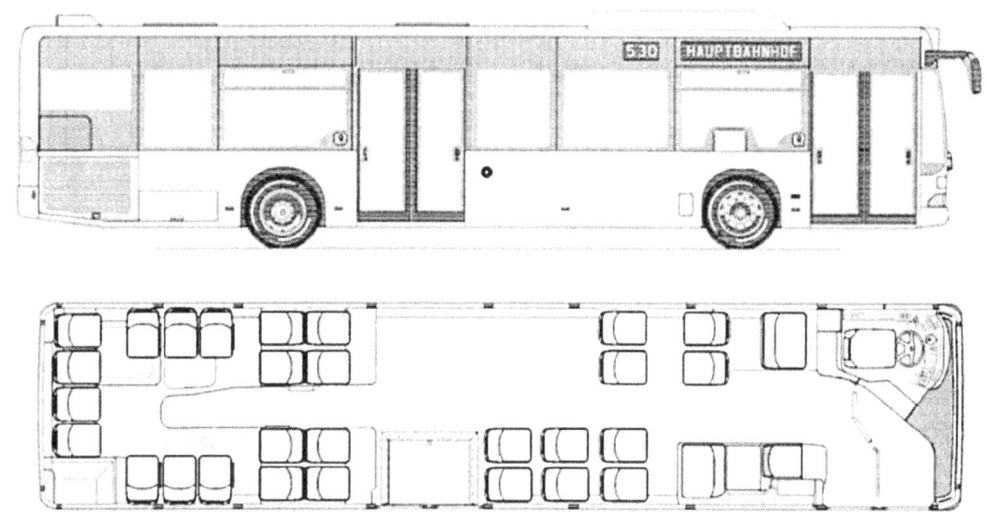

Allgemeine Daten	
Baujahr	2000
Sitzplätze o. Fahrerplatz	33
Stehplätze	66
Gesamtplätze	99

Technische Daten	
Eigengewicht	10.840 kg
Zul. Gesamtgewicht	18.000 kg
Zul. Achslast - Achse 1	6.930 kg
Zul. Achslast - Achse 2	11.500 kg
Zul. Achslast - Achse 3	-
Zul. Achslast - Achse 4	-
Länge	12.000 mm
Breite	2.550 mm
Höhe	2.990 mm
Höchstgeschwindigkeit	90 km/h
Reifengröße	275/70 R22,5
Wendekreis	21,30 m
Kraftstoff-/ Zusatztank	280 l
Heizöltank	50 l
Ad-Blue-Tank	-
Motoröl / Nachfüllbehälter	25 l / 19,5 l
Kühlflüssigkeit	50 l
Motor	EvoBus, MB, EURO-2 Motor, OM 906(h)LA
Hubraum	6.374 cm^3
Leistung	170kW (231PS)

Getriebe	ZF, Ecomat 6 HP 502 (6-Gang)
Abgasnachbehandlung	CRT (HJS 12 Keramik)
Ausrüstung	
Klimaanlage	-
Fahrzeug-Elektronik	ABS, ASR, EBS, ENR
Türsystem	Pneumatische Innenschwenktür

2010-11-01

Serie 7001-7005

Nach den positiven Erfahrungen mit dem Probewagen 1900 entschied sich die Hochbahn, ab sofort auch Fahrzeuge der Firma MAN zu beschaffen.
Aus diesem Grund wurden fünf Gelenkwagen in den Bestand aufgenommen. Sie entsprachen in der Ausstattung der des Wagens 1900, sie hatten hellgraue Schalensitze, HHA-Polster und keine getönten Scheiben.

Busscheibe 74 – Wagen-Nr. 7001 – 7005 MAN

Stadt-Omnibus Typ – MAN NG 313

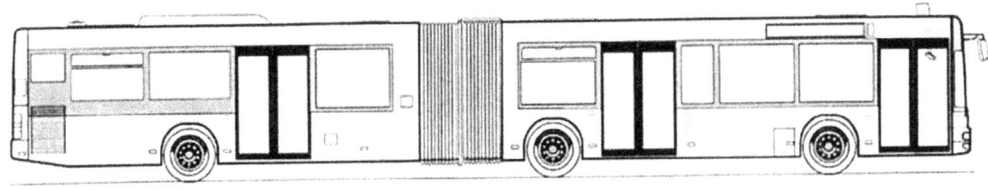

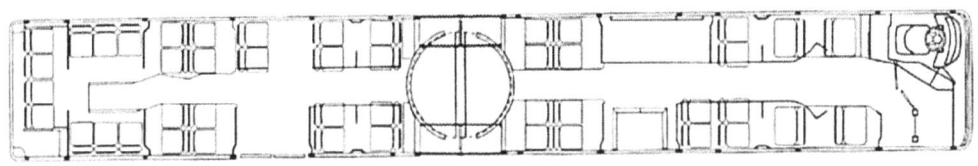

Allgemeine Daten
Baujahr	2000
Sitzplätze o. Fahrerplatz	46
Stehplätze	103
Gesamtplätze	149

Technische Daten
Eigengewicht	16.600 kg
Zul. Gesamtgewicht	27.800 kg
Zul. Achslast - Achse 1	6.300 kg
Zul. Achslast - Achse 2	10.000 kg
Zul. Achslast - Achse 3	11.500 kg
Zul. Achslast - Achse 4	-
Gesamtlänge	17.950 mm
Gesamtbreite	2.500 mm
Gesamthöhe	2.985 mm
Höchstgeschwindigkeit	85 km/h
Reifengröße	275/70 R22,5
Wendekreis	23,39 m
Kraftstoff-/ Zusatztank	350 l
Heizöltank	8 l
Ad-Blue-Tank	-
Motoröl / Nachfüllbeh.	33 l / 10 l
Kühlflüssigkeit	70 – 80 l
Motor	MAN, Euro-2 Motor, D2866 LUH26
Hubraum	11.967 cm^3
Leistung	228kW (310PS)
Getriebe	Voith D 864.3 (4-Gang)

Abgasnachbehandlung (7001-7003)	CRT (HJS 48 SMF)
Abgasnachbehandlung (7004-7005)	CRT (HJS 61 CSMF)

Ausrüstung
Klimaanlage	Webasto
Fahrzeug-Elektronik	ABS, ASR, EBS, ENR
Türsystem	Pneumatische Innenschwenktür

2010-11-01

Serie 7006-7027

Im Jahre 2000 beschaffte die Hamburger Hochbahn die erste Citaro-Gelenkbusserie. Es handelte sich abweichend zu den Stadtbussen um die ersten Citaros mit Klimaanlage.

Ursprünglich war die Serie nur von 7006-7024 bestellt, wobei der letzte Wagen erst im Jahre 2001 geliefert wurde und abweichend zu den anderen Fahrzeugen einen Euro 3 Motor erhielt.

Da es bei den Citaros weiterhin Probleme gab, bekam die Hochbahn zusätzlich von Evobus aus Kulanzgründen drei weitere Gelenkbusse gestellt. Diese hatten wieder Euro 2 Motor. Sie bekamen die Nummern 7025-7027.

7006 bis 7010 wurden in weiß geliefert und hatten zusammen mit 7024 abweichend zu den anderen Fahrzeugen keine HHA-Polster, sondern Polster ohne Eigentumsmerkmal.

Busscheibe 75 – Wagen-Nr. 7006 – 7027 EvoBus

Stadt-Omnibus Typ – O530 GN3

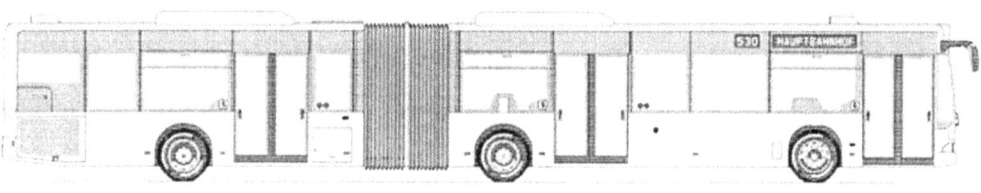

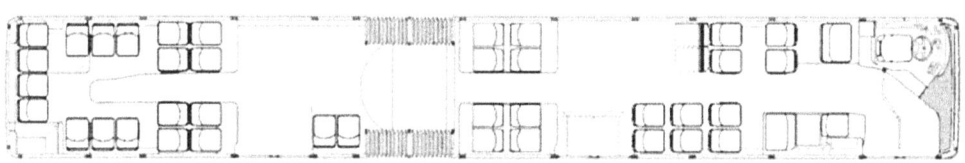

Allgemeine Daten
Baujahr	2000
Sitzplätze o. Fahrerplatz	43
Stehplätze	96
Gesamtplätze	139

Technische Daten
Eigengewicht	17.180 kg
Zul. Gesamtgewicht	28.000 kg
Zul. Achslast - Achse 1	7.245 kg
Zul. Achslast - Achse 2	10.000 kg
Zul. Achslast - Achse 3	11.500 kg
Zul. Achslast - Achse 4	-
Länge	17.990 mm
Breite	2.550 mm
Höhe	3.100 mm
Höchstgeschwindigkeit	90 km/h
Reifengröße	275/70 R22,5
Wendekreis	22,80 m
Kraftstoff-/ Zusatztank	150 l & 150 l
Heizöltank	50 l
Ad-Blue-Tank	-
Motoröl / Nachfüllbeh.	33 l / 19,5 l
Kühlflüssigkeit	65 l
Motor	EvoBus, MB, EURO-2 Motor, OM 457(h)LA
Hubraum	11.967 cm^3
Leistung	220kW (299PS)
Getriebe	ZF Ecomat, 6-HP 592 (6-Gang)
Abgasnachbehandlung	CRT (HJS 12 SMF)

Ausrüstung
Klimaanlage	Webasto
Fahrzeug-Elektronik	ABS, ASR, EBS, ENR
Türsystem	Pneumatische Innenschwenktür

2010-11-01

Serie 1915-1924

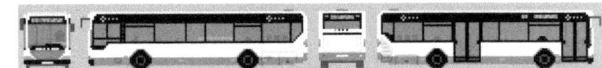

Bei dieser nächsten im Jahre 2001 beschafften Serie gab es nur kleinere Veränderungen. Die Fahrzeuge wurden fortan in der neuen weiß/roten Lackierung ausgeliefert. Außerdem erhielten die Wagen eine werbefreundlichere glatte Fahrzeugfront ohne Stern.
Die Fahrzeuge hatten alle Polster ohne HHA-Branding.
Wagen 1924 war auch hier wieder ein Probewagen mit Euro 3 Motor.

Busscheibe 16 – Wagen-Nr. 1906 – 1924 EvoBus

Stadt-Omnibus Typ – O530 N3

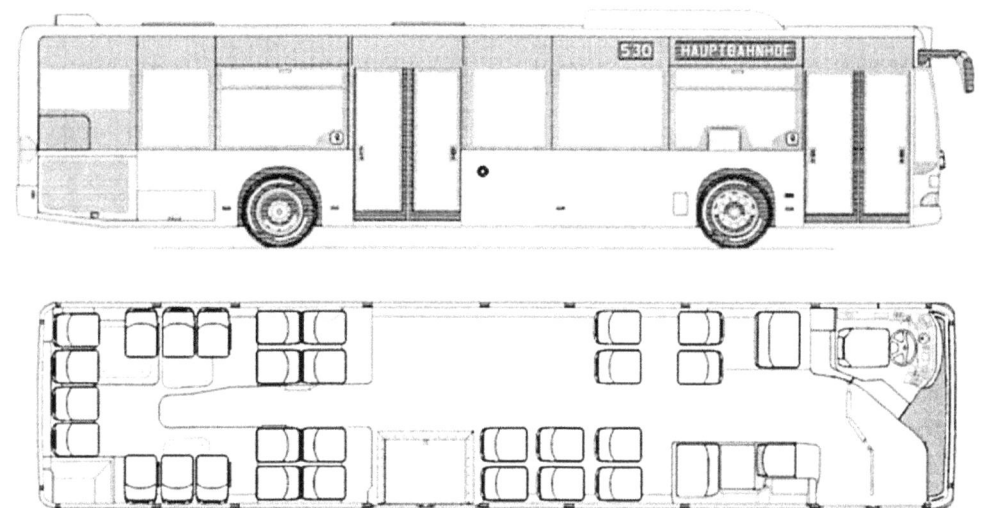

Allgemeine Daten
Baujahr	2000
Sitzplätze o. Fahrerplatz	33
Stehplätze	66
Gesamtplätze	99

Technische Daten
Eigengewicht	10.840 kg
Zul. Gesamtgewicht	18.000 kg
Zul. Achslast - Achse 1	6.930 kg
Zul. Achslast - Achse 2	11.500 kg
Zul. Achslast - Achse 3	-
Zul. Achslast - Achse 4	-
Länge	12.000 mm
Breite	2.550 mm
Höhe	2.990 mm
Höchstgeschwindigkeit	90 km/h
Reifengröße	275/70 R22,5
Wendekreis	21,30 m
Kraftstoff-/ Zusatztank	280 l
Heizöltank	50 l
Ad-Blue-Tank	-
Motoröl / Nachfüllbehälter	25 l / 19,5 l
Kühlflüssigkeit	50 l
Motor	EvoBus, MB, EURO-2 Motor, OM 906(h)LA
Hubraum	6.374 cm^3
Leistung	170kW (231PS)
Getriebe	ZF, Ecomat 6 HP 502 (6-Gang)
Abgasnachbehandlung	CRT (HJS 12 Keramik)

Ausrüstung
Klimaanlage	-
Fahrzeug-Elektronik	ABS, ASR, EBS, ENR
Türsystem	Pneumatische Innenschwenktür

Serie 2201-2205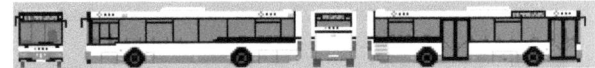

Nach den positiven Erfahrungen mit Wagen 1900 und den ersten MAN Gelenkbussen, beschaffte die Hochbahn eine erste kleine Serie an MAN Solofahrzeugen, jetzt mit Euro 3 Motoren.
Im Gegensatz zum Probewagen verfügten diese Fahrzeuge über den neuen rot/weißen Lack, getönte Fenster und Klimaanlage.
Im Innenraum waren die Schalensitze dunkelgrau gehalten.

Busscheibe 17 – Wagen-Nr. 2201 – 2205 MAN

Stadt-Omnibus Typ – MAN NL 263

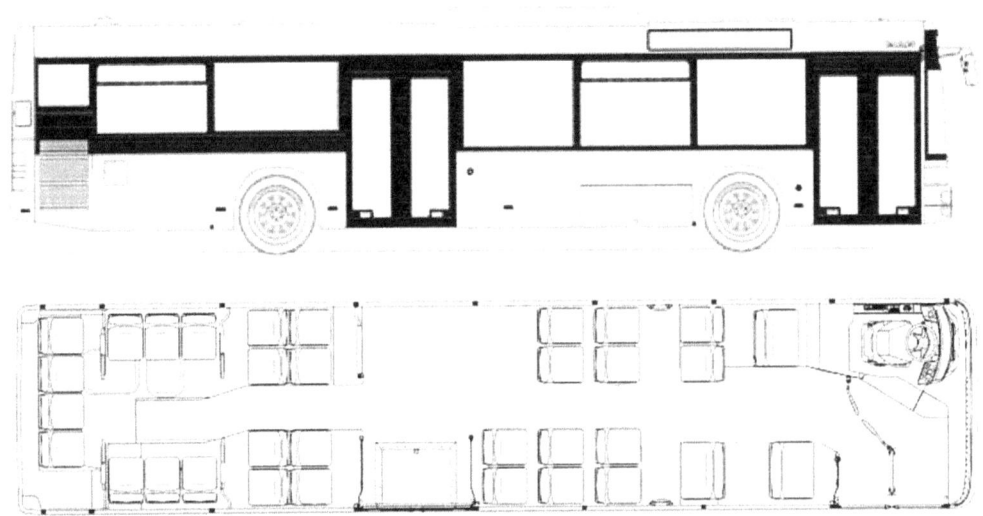

Allgemeine Daten

Baujahr	2001
Sitzplätze o. Fahrerplatz	33
Stehplätze	52
Gesamtplätze	85

Technische Daten

Eigengewicht	11.600 kg
Zul. Gesamtgewicht	17.800 kg
Zul. Achslast - Achse 1	6.300 kg
Zul. Achslast - Achse 2	11.500 kg
Zul. Achslast - Achse 3	-
Zul. Achslast - Achse 4	-
Länge	11.950 mm
Breite	2.500 mm
Höhe	2.985 mm
Höchstgeschwindigkeit	90 km/h
Reifengröße	275/70 R22,5
Wendekreis	22,40 m
Kraftstoff-/ Zusatztank	300 l
Heizöltank	75 l
Ad-Blue-Tank	-
Motoröl / Nachfüllbeh.	33 l / 10 l
Kühlflüssigkeit	70 – 80 l
Motor	MAN, Euro-3 Motor, D0826 LUH13
Hubraum	11.967 cm^3
Leistung	191kW (260PS)

Getriebe	Voith, Diwa 854.3 (4-Gang) / ZF 6-HP 502 (6-Gang)
Abgasnachbehandlung	CRT (HJS 61 CSMF / TwinTec (2202))

Ausrüstung

Klimaanlage	Webasto
Fahrzeug-Elektronik	ABS, ASR, EMR, ECAS
Türsystem	Pneumatische Innenschwenktür

Serie 2206-2221

Mit dieser Serie beschaffte die Hochbahn erstmals die Euro 3 Variante des Citaros in Serie. Dadurch änderte sich die Heck- und Seitenansicht der Fahrzeuge. Die Fahrzeuge bekamen andere Kühlergrills.
Außerdem bekamen die Fahrzeuge eine sehr dunkel gefärbte Heckscheibe.
Die Polster hatten fortan einen Schriftzug „Hochbahn" anstelle „HHA" auf den Sitzpolstern.

Busscheibe 18 – Wagen-Nr. 2206 – 2221 EvoBus

Stadt-Omnibus Typ – O530 N3

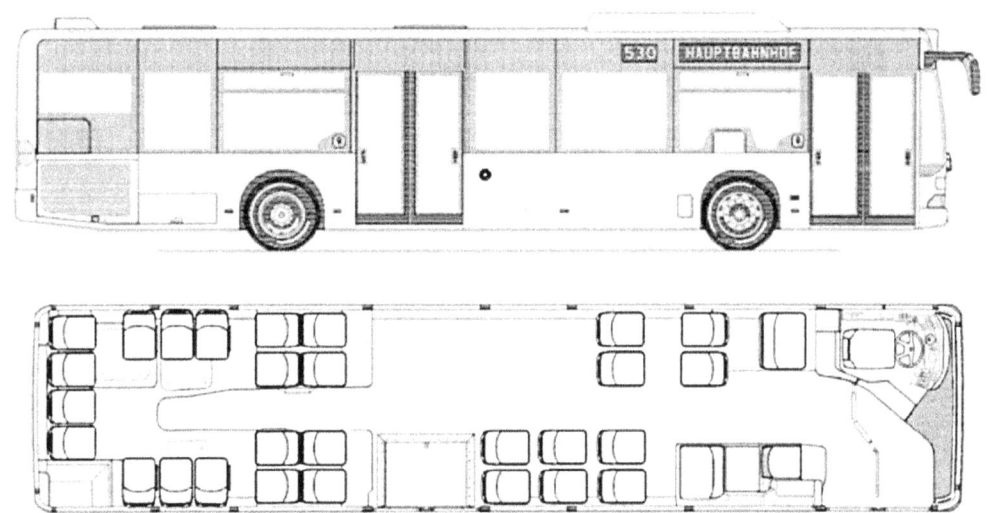

Allgemeine Daten	
Baujahr	2001
Sitzplätze o. Fahrerplatz	33
Stehplätze	57
Gesamtplätze	90

Technische Daten	
Eigengewicht	11.980 kg
Zul. Gesamtgewicht	18.000 kg
Zul. Achslast - Achse 1	6.930 kg
Zul. Achslast - Achse 2	11.500 kg
Zul. Achslast - Achse 3	-
Zul. Achslast - Achse 4	-
Länge	12.000 mm
Breite	2.550 mm
Höhe	3.100 mm
Höchstgeschwindigkeit	90 km/h
Reifengröße	275/70 R22,5
Wendekreis	21,90 m
Kraftstoff-/ Zusatztank	280 l
Heizöltank	50 l
Ad-Blue-Tank	-
Motoröl / Nachfüllbehälter	25 l / 19,5 l
Kühlflüssigkeit	50 l
Motor	EvoBus, MB, EURO-3 Motor, OM 906(h)LA
Hubraum	6.374 cm^3
Leistung	205kW (279PS)

Getriebe	ZF, Ecomat 6 HP 502 (6-Gang) / Voith (4-Gang)
Abgasnachbehandlung	CRT (HJS 50 Keramik)

Ausrüstung	
Klimaanlage	Webasto
Fahrzeug-Elektronik	ABS, ASR, EBS, ENR, ECAS
Türsystem	Pneumatische Innenschwenktür

 2010-11-01

Serie 7201-7205

Gemeinsam mit den fünf Solofahrzeugen des Typs MAN bekam die Hochbahn ebenfalls weitere fünf Gelenkwagen in gleicher Ausstattung wie die Solofahrzeuge 2201-2205.

Busscheibe 76 –Wagen-Nr. 7201 – 7205 MAN

Stadt-Omnibus Typ – MAN NG 313

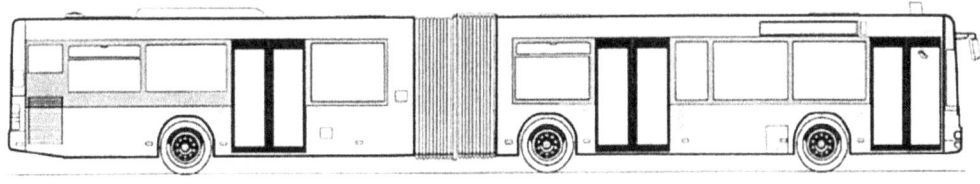

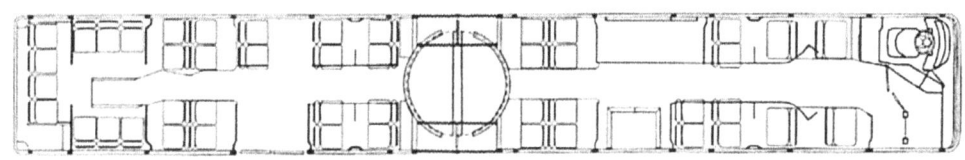

Allgemeine Daten
Baujahr	2001
Sitzplätze o. Fahrerplatz	46
Stehplätze	103
Gesamtplätze	149

Technische Daten
Eigengewicht	16.600 kg
Zul. Gesamtgewicht	27.800 kg
Zul. Achslast - Achse 1	6.300 kg
Zul. Achslast - Achse 2	10.000 kg
Zul. Achslast - Achse 3	11.500 kg
Zul. Achslast - Achse 4	-
Länge	17.950 mm
Breite	2.500 mm
Höhe	2.985 mm
Höchstgeschwindigkeit	90 km/h
Reifengröße	275/70 R22,5
Wendekreis	23,40 m
Kraftstoff-/ Zusatztank	350 l
Heizöltank	81 l
Ad-Blue-Tank	-
Motoröl / Nachfüllbeh.	33 l / 10 l
Kühlflüssigkeit	70 – 80 l
Motor	MAN, Euro-3 Motor, D2866 LUH24
Hubraum	11.967 cm^3
Leistung	228kW (310PS)

Getriebe	ZF Ecomat 6 HP 592 (6-Gang) / Voith D 864.3 (4-Gang)
Abgasnachbehandlung	CRT (HJS 61 CSMF)

Ausrüstung
Klimaanlage	Webasto
Fahrzeug-Elektronik	ABS, ASR, EBS, ENR
Türsystem	Pneumatische Innenschwenktür

2010-11-01

Serie 7206-7224

Gemeinsam mit den Solofahrzeugen erhielt die Hochbahn im Jahre 2002 19 Gelenkfahrzeuge des Typs Mercedes Benz Citaro. Die Ausstattung der Fahrzeuge entsprach den Solofahrzeugen 2206-2221.

Busscheibe 77 – Wagen-Nr. 7206 – 7224 EvoBus

Stadt-Omnibus Typ – O530 GN3

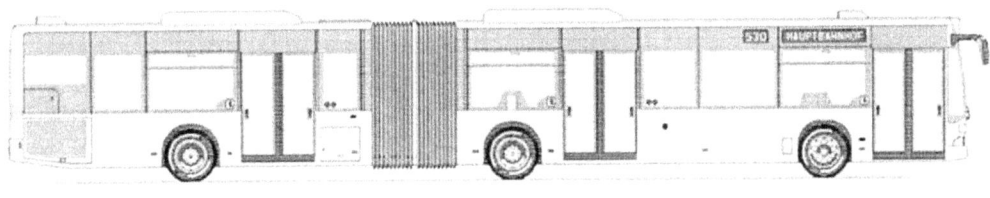

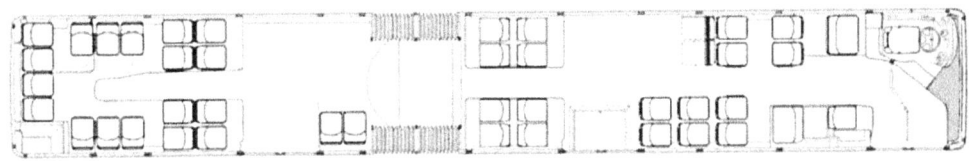

Allgemeine Daten
Baujahr	2001
Sitzplätze o. Fahrerplatz	43
Stehplätze	96
Gesamtplätze	139

Technische Daten
Eigengewicht	17.090 kg
Zul. Gesamtgewicht	28.000 kg
Zul. Achslast - Achse 1	7.245 kg
Zul. Achslast - Achse 2	10.000 kg
Zul. Achslast - Achse 3	11.500 kg
Zul. Achslast - Achse 4	-
Länge	17.990 mm
Breite	2.550 mm
Höhe	3.100 mm
Höchstgeschwindigkeit	90 km/h
Reifengröße	275/70 R22,5
Wendekreis	22,8 m
Kraftstoff-/ Zusatztank	150 l & 150 l / 100 l
Heizöltank	50 l
Ad-Blue-Tank	-
Motoröl / Nachfüllbeh.	33 l / 19,5 l
Kühlflüssigkeit	65 l
Motor	EvoBus, MB, EURO-3 Motor, OM 457(h)LA
Hubraum	11.967 cm³
Leistung	220kW (299PS)
Getriebe	ZF, Ecomat 6 HP (6-Gang) / Voith D 864.3 (4-Gang)
Abgasnachbehandlung	CRT (HJS 50 SMF)

Ausrüstung
Klimaanlage	Webasto
Fahrzeug-Elektronik	ABS, ASR, EBS, ENR, ECAS
Türsystem	Pneumatische Innenschwenktür

2010-11-01

Serie 2230-2253

Im zweiten Halbjahr 2002 beschaffte die Hochbahn eine weitere Serie von Stadtbussen. Sie entsprachen weitesgehend den bisher beschafften Fahrzeugen.

Die Wagen 2247-2251 erhielten abweichend zur Erprobung Außenschwenk-Schiebetüren in der Fahrzeugmitte.

Busscheibe 19 –Wagen-Nr. 2230 – 2253 EvoBus

Stadt-Omnibus Typ – O530 N3

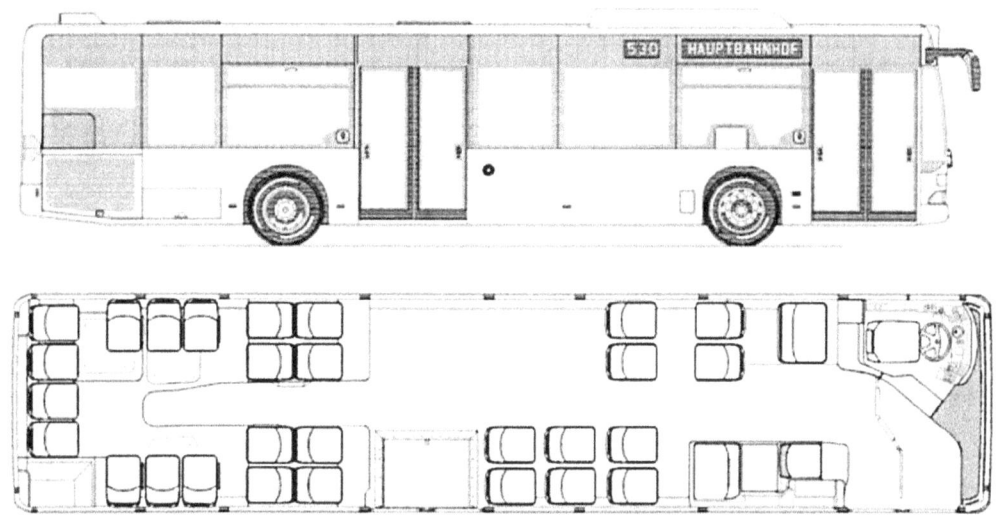

Allgemeine Daten			
Baujahr	2002	Getriebe	ZF, Ecomat 6 HP 502 (6-Gang) / Voith DIWA 3 (4-Gang)
Sitzplätze o. Fahrerplatz	33	Abgasnachbehandlung	CRT (HJS 50 Keramik)
Stehplätze	67		
Gesamtplätze	100	**Ausrüstung**	
		Klimaanlage	Webasto
Technische Daten		Fahrzeug-Elektronik	ABS, ASR, EBS, ENR, ECAS
Eigengewicht	11.335 kg	Türsystem	Pneumatische Innenschwenktür / Außenschwenktür (2247 – 2251)
Zul. Gesamtgewicht	18.000 kg		
Zul. Achslast - Achse 1	6.930 kg		
Zul. Achslast - Achse 2	11.500 kg		
Zul. Achslast - Achse 3	-		
Zul. Achslast - Achse 4	-		
Länge	12.000 mm		
Breite	2.550 mm		
Höhe	3.100 mm		
Höchstgeschwindigkeit	90 km/h		
Reifengröße	275/70 R22,5		
Wendekreis	21,90 m		
Kraftstoff-/ Zusatztank	280 l		
Heizöltank	50 l		
Ad-Blue-Tank	-		
Motoröl / Nachfüllbeh.	25 l / 19,5 l		
Kühlflüssigkeit	50 l		
Motor	EvoBus, MB, EURO-3 Motor, OM 906(h)LA		
Hubraum	6.374 cm^3		
Leistung	205kW (279PS)		

2010-11-01

Serie 2254-2255

Im zweiten Halbjahr 2002 beschaffte die Hochbahn ebenfalls zwei weitere Stadtbusse von MAN, die weitesgehend identisch zu den Wagen 2201-2205 sind. Diese wurden erstmalig im MAN-Werk in Polen gebaut.

Busscheibe 20 – Wagen-Nr. 2254 – 2255 MAN

Stadt-Omnibus Typ – MAN NL 263

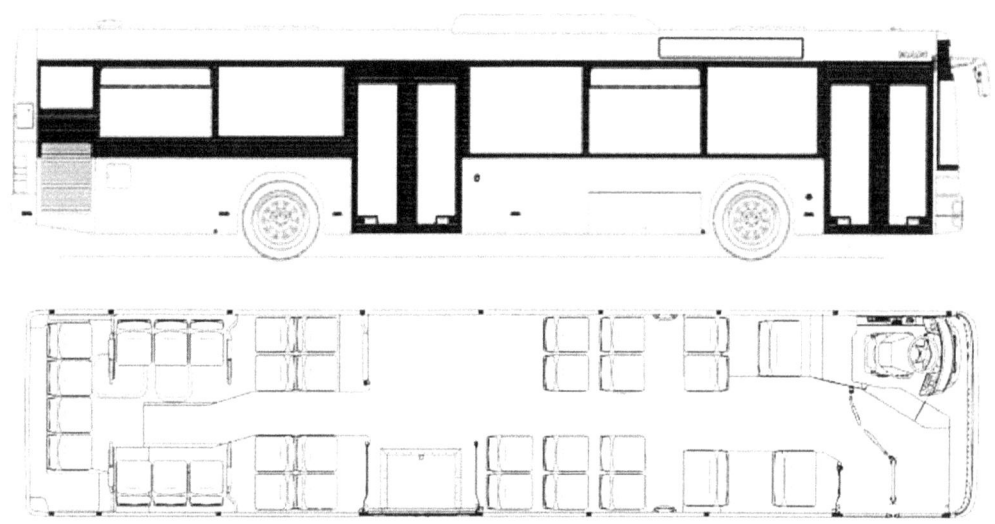

Allgemeine Daten
Baujahr	2002
Sitzplätze o. Fahrerplatz	33
Stehplätze	57
Gesamtplätze	90

Technische Daten
Eigengewicht	11.800 kg
Zul. Gesamtgewicht	17.800 kg
Zul. Achslast - Achse 1	6.300 kg
Zul. Achslast - Achse 2	11.500 kg
Zul. Achslast - Achse 3	-
Zul. Achslast - Achse 4	-
Länge	11.950 mm
Breite	2.500 mm
Höhe	2.985 mm
Höchstgeschwindigkeit	83 km/h
Reifengröße	275/70 R22,5
Wendekreis	22,40 m
Kraftstoff-/ Zusatztank	300 l
Heizöltank	75 l
Ad-Blue-Tank	-
Motoröl / Nachfüllbeh.	33 l / 10 l
Kühlflüssigkeit	50 – 60 l
Motor	MAN, Euro-3 Motor, D0826 LUH13
Hubraum	11.967 cm^3
Leistung	191kW (260PS)
Getriebe	Voith, Diwa 854.3 (4-Gang)

Abgasnachbehandlung	CRT (HJS 61 CSMF)

Ausrüstung
Klimaanlage	Webasto
Fahrzeug-Elektronik	ABS, ASR, EMR, ECAS
Türsystem	Pneumatische Innenschwenktür

Serie 7230-7236

Im zweiten Halbjahr 2002 beschaffte die Hochbahn eine weitere Serie von Gelenkbussen. Sie entsprachen weitesgehend den bisher beschafften Fahrzeugen.

Busscheibe 78 –Wagen-Nr. 7230 – 7236 EvoBus

Stadt-Omnibus Typ – O530 GN3

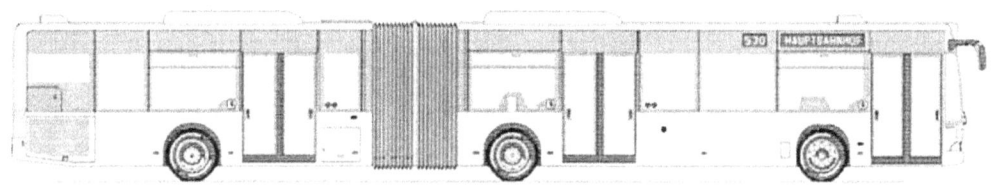

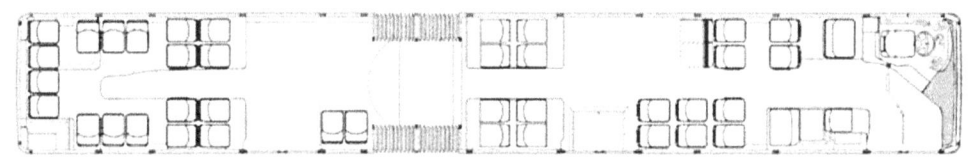

Allgemeine Daten
Baujahr	2002
Sitzplätze o. Fahrerplatz	43
Stehplätze	98
Gesamtplätze	141

Technische Daten
Eigengewicht	17.095 kg
Zul. Gesamtgewicht	28.000 kg
Zul. Achslast - Achse 1	7.245 kg
Zul. Achslast - Achse 2	10.000 kg
Zul. Achslast - Achse 3	11.500 kg
Zul. Achslast - Achse 4	-
Länge	17.995 mm
Breite	2.550 mm
Höhe	3.100 mm
Höchstgeschwindigkeit	90 km/h
Reifengröße	275/70 R22,5
Wendekreis	22,8 m
Kraftstoff-/ Zusatztank	2 x 150 l / 100 l
Heizöltank	50 l
Ad-Blue-Tank	-
Motoröl / Nachfüllbeh.	33 l / 19,5 l
Kühlflüssigkeit	65 l
Motor	EvoBus, MB, EURO-3 Motor, OM 457(h)LA
Hubraum	11.967 cm^3
Leistung	220kW (299PS)

Getriebe	ZF, Ecomat 6 HP (6-Gang) / Voith
Abgasnachbehandlung	CRT (HJS 50 SMF)

Ausrüstung
Klimaanlage	Webasto
Fahrzeug-Elektronik	ABS, ASR, EBS, ENR, ECAS
Türsystem	Pneumatische Innenschwenktür

2010-11-01

Serie 7237-7238

Im zweiten Halbjahr 2002 beschaffte die Hochbahn ebenfalls zwei weitere Gelenkbusse von MAN, die weitesgehend identisch zu den Wagen 7201-7205 sind.

Busscheibe 79 – Wagen-Nr. 7237 – 7238 MAN

Stadt-Omnibus Typ – MAN NG 313

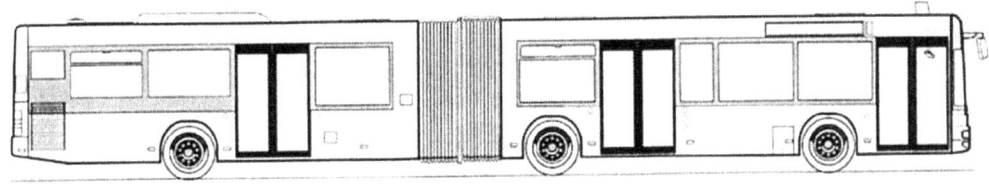

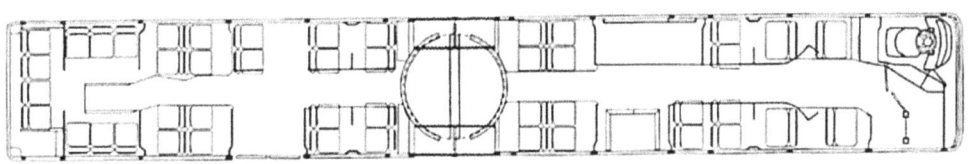

Allgemeine Daten

Baujahr	2002
Sitzplätze o. Fahrerplatz	46
Stehplätze	102
Gesamtplätze	148

Technische Daten

Eigengewicht	16.600 kg
Zul. Gesamtgewicht	27.800 kg
Zul. Achslast - Achse 1	6.300 kg
Zul. Achslast - Achse 2	10.000 kg
Zul. Achslast - Achse 3	11.500 kg
Zul. Achslast - Achse 4	
Länge	17.950 mm
Breite	2.500 mm
Höhe	2.985 mm
Höchstgeschwindigkeit	83 km/h
Reifengröße	275/70 R22,5
Wendekreis	23,40 m
Kraftstoff-/ Zusatztank	350 l
Heizöltank	81 l
Ad-Blue-Tank	-
Motoröl / Nachfüllbeh.	33 l / 10 l
Kühlflüssigkeit	70- 80 l
Motor	MAN, Euro-3 Motor, D2866 LUH24
Hubraum	11.967 cm^3
Leistung	228kW (310PS)
Getriebe	Voith D 864.3 (4-Gang)
Abgasnachbehandlung	CRT (HJS 61 CSMF)

Ausrüstung

Klimaanlage	Webasto
Fahrzeug-Elektronik	ABS, ASR, EBS, ENR
Türsystem	Pneumatische Innenschwenktür

2010-11-01

Wagen 5310 und 5311

Für die Linie 562 in Rahlstedt beschaffte die Hamburger Hochbahn zuerst zwei verschiedene Varianten an Kleinfahrzeugen von Mercedes Benz. Die beiden Fahrzeuge des Typs Sprinter erwiesen sich nach kurzer Zeit als zu klein, so dass schnell Ersatz hierfür gesucht wurde.

Wagen 1931 und 1932

Als Ersatz für die Sprinter auf der Linie 562 beschaffte die Hochbahn zwei gebrauchte Mercedes Benz Cito Kleinbusse. Sie besaßen grüne Sitzpolster. Diese Fahrzeuge waren recht störanfällig. Sie wurden 2007 durch zwei neue Citaro K ersetzt (2701/02).

Serie 2301-2341

Im Jahre 2003 beschaffte die Hochbahn eine weitere Serie des Typs Citaro. Die Fahrzeuge sind weitesgehend identisch zu den Serien des Vorjahres.

Abweichend waren die unteren Bereiche der Fahrgasttüren. Bisher waren dort Gummilippen zur Abdichtung vorhanden. Ab dieser Serie sind statt dessen silberne Bleche verbaut, die beim Öffnen der Tür hochschwenken.

Busscheibe 21 – Wagen-Nr. 2301 – 2341 EvoBus

Stadt-Omnibus Typ – O530 N3

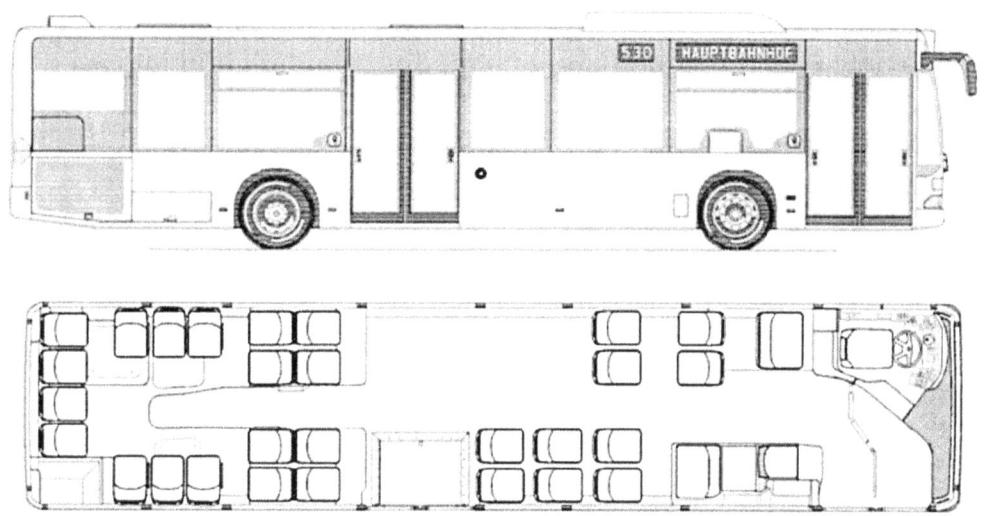

Allgemeine Daten		Getriebe	ZF, Ecomat 6 HP 502 (6-Gang) / Voith DIWA 3 (4-Gang)
Baujahr	2003		
Sitzplätze o. Fahrerplatz	33	Abgasnachbehandlung	CRT (HJS 50 Keramik)
Stehplätze	67		
Gesamtplätze	100	**Ausrüstung**	
		Klimaanlage	Webasto
Technische Daten		Fahrzeug-Elektronik	ABS, ASR, EBS, ENR, ECAS
Eigengewicht	11.355 kg	Türsystem	Pneumatische Innenschwenktür
Zul. Gesamtgewicht	18.000 kg		
Zul. Achslast - Achse 1	6.930 kg		
Zul. Achslast - Achse 2	11.500 kg		
Zul. Achslast - Achse 3	-		
Zul. Achslast - Achse 4	-		
Länge	12.000 mm		
Breite	2.550 mm		
Höhe	3.100 mm		
Höchstgeschwindigkeit	90 km/h		
Reifengröße	275/70 R22,5		
Wendekreis	21,90 m		
Kraftstoff-/ Zusatztank	280 l		
Heizöltank	50 l		
Ad-Blue-Tank	-		
Motoröl / Nachfüllbeh.	25 l / 19,5 l		
Kühlflüssigkeit	50 l		
Motor	EvoBus, MB, EURO-3 Motor, OM 906(h)LA		
Hubraum	6.374 cm^3		
Leistung	205kW (279PS)		

2010-11-01

Serie 2342-2345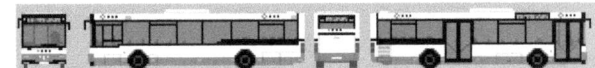

Im Jahre 2003 beschaffte die Hochbahn vier weitere MAN Solobusse, die ebenfalls weitgehend identisch zur letzten Beschaffung aus dem Jahre 2002 waren.

Busscheibe 22 – Wagen-Nr. 2342 – 2345 MAN

Stadt-Omnibus Typ – MAN NL 263

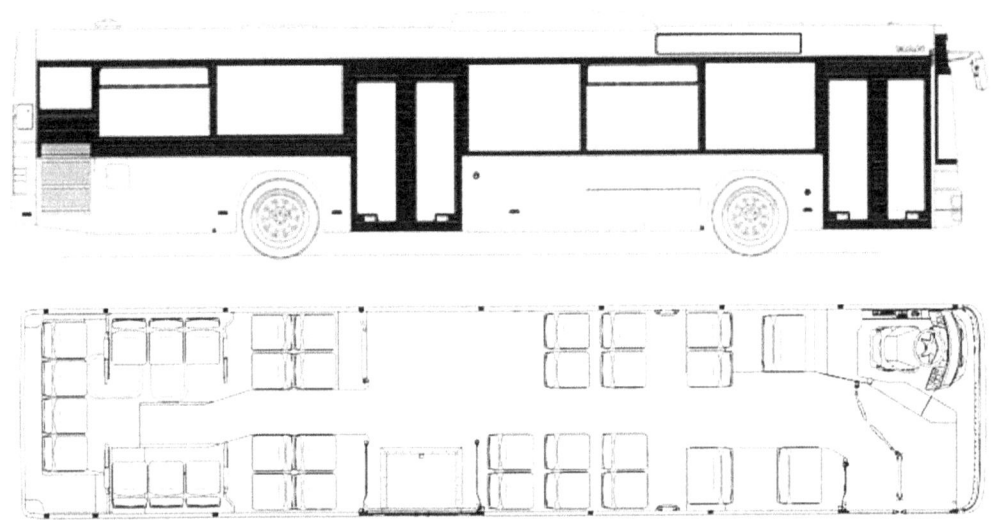

Allgemeine Daten

Baujahr	2003
Sitzplätze o. Fahrerplatz	33
Stehplätze	57
Gesamtplätze	90

Technische Daten

Eigengewicht	11.800 kg
Zul. Gesamtgewicht	17.800 kg
Zul. Achslast - Achse 1	6.300 kg
Zul. Achslast - Achse 2	11.500 kg
Zul. Achslast - Achse 3	-
Zul. Achslast - Achse 4	-
Länge	11.950 mm
Breite	2.500 mm
Höhe	2.985 mm
Höchstgeschwindigkeit	83 km/h
Reifengröße	275/70 R22,5
Wendekreis	22,40 m
Kraftstoff-/ Zusatztank	300 l
Heizöltank	75 l
Ad-Blue-Tank	-
Motoröl / Nachfüllbeh.	33 l / 10 l
Kühlflüssigkeit	50 – 60 l
Motor	MAN, Euro-3 Motor, D0826 LUH13
Hubraum	11.967 cm^3
Leistung	191kW (260PS)
Getriebe	Voith, Diwa 854.3 E (4-Gang)
Abgasnachbehandlung	CRT (HJS 61 CSMF)

Ausrüstung

Klimaanlage	Webasto
Fahrzeug-Elektronik	ABS, ASR, EMR, ECAS
Türsystem	Pneumatische Innenschwenktür

Serie 2371-2379

Unter der Bezeichnung O530BZ bekam die Hochbahn im Jahre 2003 auf Basis des Projektes CUTE der Europäischen Union für emissionsfreie Busse drei Citaro mit Brennstoffzellentechnik.
Die Fahrzeuge basierten auf dem Citaro mit stehendem Motor und drei Türen. Sie verfügen über Asynchronmotoren. Neun Wasserstofftanks mit 1845 Litern bei 350 bar, zwei Brennstoffzellenstacks von Ballard Power Systems, sowie Elektronik und Lüfter befinden sich unter einer Verkleidung auf dem Dach.

Die Reichweite der Fahrzeuge betrug 250 Kilometer.

Das Projekt CUTE lief bis 2006. Die ebenfalls teilgenommenen Städte Stockholm und Stuttgart stiegen zu diesem Zeitpunkt aus dem Projekt aus. Da die Hochbahn die Fahrzeuge weiter testen wollte, übernahm sie zu diesem Zeitpunkt die jeweils drei Fahrzeuge auch dieser Städte.

Bis 2010 waren damit neun Fahrzeuge bei der Hochbahn im Einsatz, die dann aufgrund verbrauchter Technik abgestellt und ausgemustert wurden.

www.HH2wasserstoff.de
VATTENFALL
BALLARD
Wasserstoffbus
Null Schadstoffe

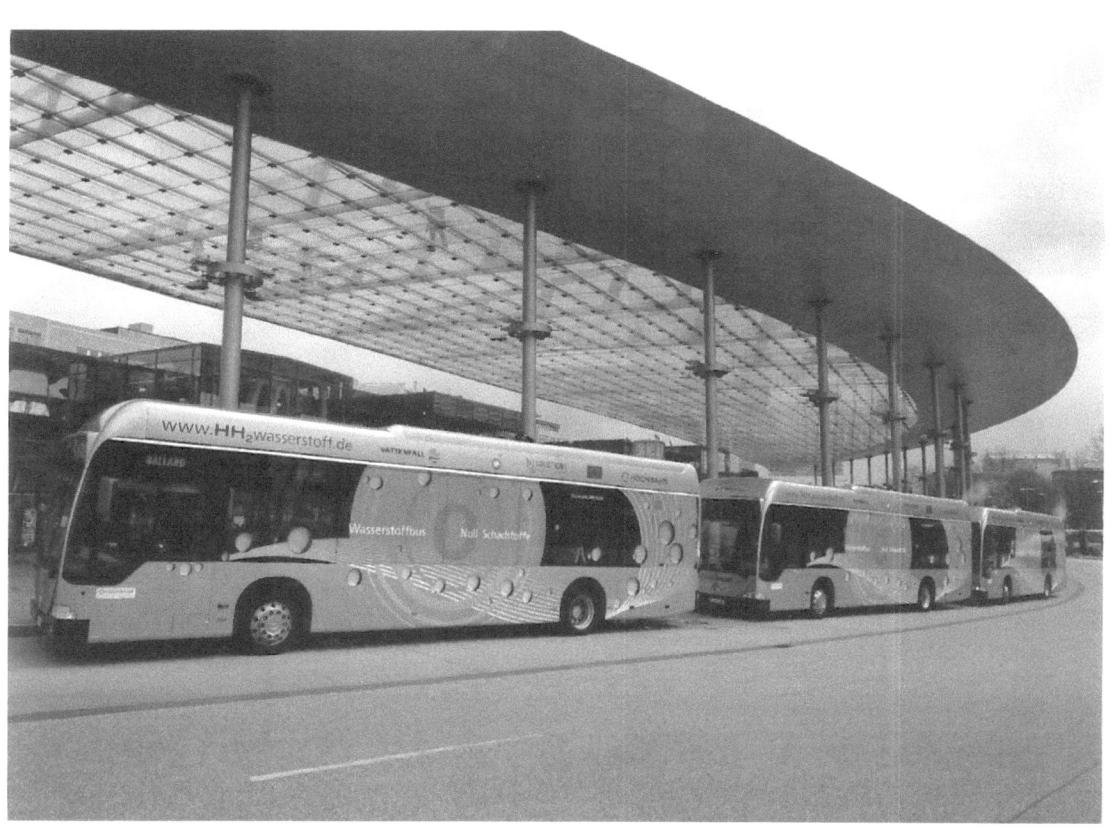

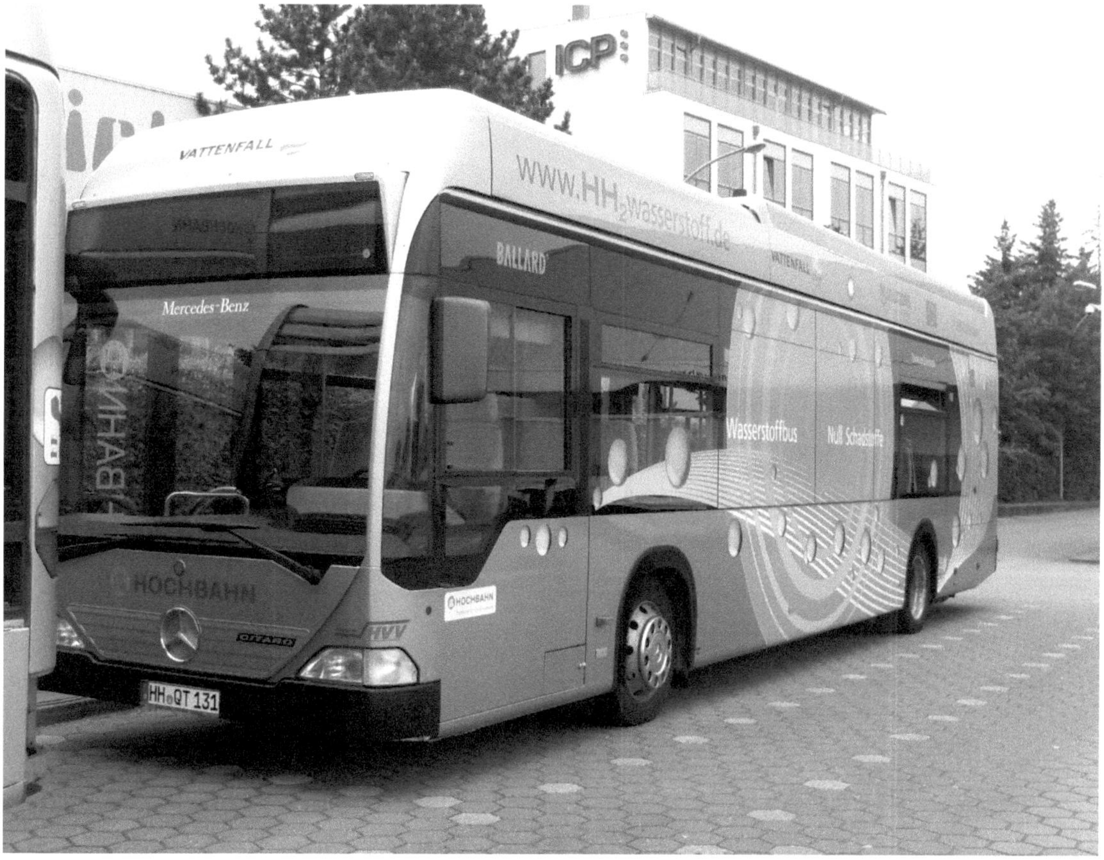
ICP
VATTENFALL
www.HH2wasserstoff.de
BALLARD
Mercedes-Benz
Wasserstoffbus
Null Schadstoffe
HOCHBAHN
CITARO
HVV
HH QT 131

Serie 7351-7358

Im Jahre 2003 wurden von der Hamburger Hochbahn acht weitere Citaro Gelenkbusse beschafft, welche in ihrer Ausstattung der letzten Serie entsprachen, mit Ausnahme der bereits bei den Stadtbussen angesprochenen Änderung an den Türen.

Busscheibe 80 – Wagen-Nr. 7351 – 7358 EvoBus

Stadt-Omnibus Typ – O530 GN3

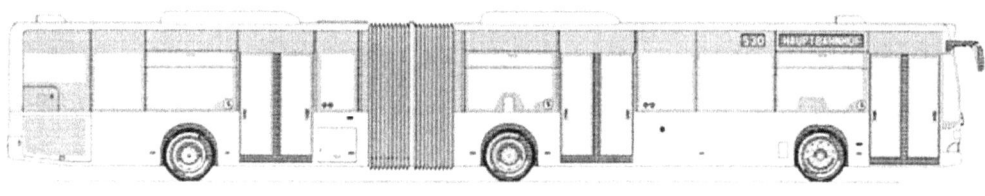

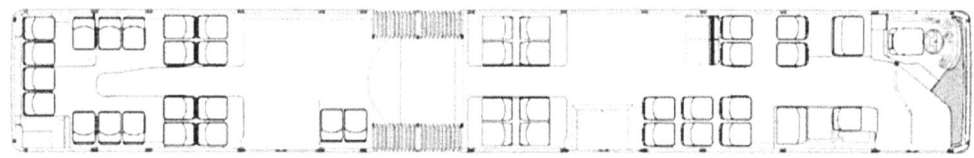

Allgemeine Daten
Baujahr	2003
Sitzplätze o. Fahrerplatz	43
Stehplätze	98
Gesamtplätze	141

Technische Daten
Eigengewicht	17.095 kg
Zul. Gesamtgewicht	28.000 kg
Zul. Achslast - Achse 1	7.245 kg
Zul. Achslast - Achse 2	10.000 kg
Zul. Achslast - Achse 3	11.500 kg
Zul. Achslast - Achse 4	-
Länge	17.990 mm
Breite	2.550 mm
Höhe	3.100 mm
Höchstgeschwindigkeit	85 km/h
Reifengröße	275/70 R22,5
Wendekreis	22,8 m
Kraftstoff-/ Zusatztank	150 l & 150 l / 100 l
Heizöltank	50 l
Ad-Blue-Tank	-
Motoröl / Nachfüllbeh.	33 l / 19,5 l
Kühlflüssigkeit	65 l
Motor	EvoBus, MB, EURO-3 Motor, OM 457(h)LA
Hubraum	11.967 cm^3
Leistung	220kW (299PS)

Getriebe	ZF, Ecomat 6 HP (6-Gang) / Voith
Abgasnachbehandlung	CRT (HJS 50 SMF)

Ausrüstung
Klimaanlage	Webasto
Fahrzeug-Elektronik	ABS, ASR, EBS, ENR, ECAS
Türsystem	Pneumatische Innenschwenktür

Serie 7359-7360

Zusätzlich zu den zehn Citaro Gelenkbussen beschaffte die Hochbahn im Jahre 2003 auch zwei MAN Gelenkbusse, die der letzten Serie wieder weitgehend entsprach.

Busscheibe 81 – Wagen-Nr. 7359 – 7360 MAN

Stadt-Omnibus Typ – MAN NG 313

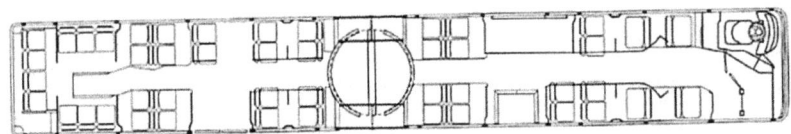

Allgemeine Daten
Baujahr	2003
Sitzplätze o. Fahrerplatz	46
Stehplätze	102
Gesamtplätze	148

Technische Daten
Eigengewicht	16.600 kg
Zul. Gesamtgewicht	27.800 kg
Zul. Achslast - Achse 1	6.300 kg
Zul. Achslast - Achse 2	10.000 kg
Zul. Achslast - Achse 3	11.500 kg
Zul. Achslast - Achse 4	
Länge	17.950 mm
Breite	2.500 mm
Höhe	2.985 mm
Höchstgeschwindigkeit	83 km/h
Reifengröße	275/70 R22,5
Wendekreis	23,40 m
Kraftstoff-/ Zusatztank	350 l
Heizöltank	8 l
Ad-Blue-Tank	-
Motoröl / Nachfüllbeh.	33 l / 10 l
Kühlflüssigkeit	70 – 80 l
Motor	MAN, Euro-3 Motor, D2866 LUH24
Hubraum	11.967 cm^3
Leistung	228kW (310PS)
Getriebe	Voith D 864.3 (4-Gang)
Abgasnachbehandlung	CRT (HJS 61 CSMF)

Ausrüstung
Klimaanlage	Webasto
Fahrzeug-Elektronik	ABS, ASR, EBS, ENR
Türsystem	Pneumatische Innenschwenktür

Wagen 7400/8400

Für die Metrobuslinie 5 wollte die Hamburger Hochbahn im Jahre 2004 einen Doppelgelenkbus erproben.
Hierfür kam der Probewagen des Typs newAGG300 des belgischen Herstellers VanHool nach Hamburg. Der Wagen wurde intern mit der Wagennummer 7400 versehen und von Januar bis September 2004 mit Unterbrechung auf der Linie erprobt.
Aufgrund von Problemen mit den daraufhin beschafften Serienfahrzeugen, bekam die Hochbahn im Jahr 2008 den Probewagen wieder zur Verfügung gestellt, die ihn dann endgültig mit der Nummer 8400 in den Fuhrpark einreihte. Die ursprüngliche orange farbene Matrixanlage wurde gegen eine weiße getauscht, die aus den Stuttgarter BZ-Bussen stammt.
Das Fahrzeug verfügt über eine andere Inneneinrichtung als die Serienfahrzeuge und über einen über die gesamte Fahrzeuglänge laufende Dachverkleidung.
Das Typenblatt der Hochbahn gibt dies nicht korrekt wieder.

Busscheibe 92 – Wagen-Nr. 8400 Van Hool

Stadt-Omnibus Typ – Van Hool AGG300

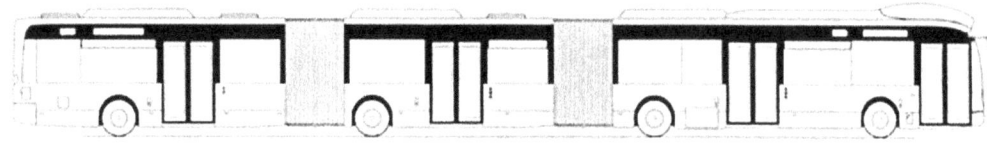

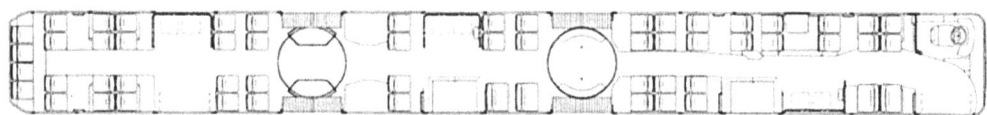

Allgemeine Daten
Baujahr	2003
Sitzplätze o. Fahrerplatz	70
Stehplätze	115
Gesamtplätze	185

Technische Daten
Eigengewicht	22.250 kg
Zul. Gesamtgewicht	35.820 kg
Zul. Achslast - Achse 1	8.000 kg
Zul. Achslast - Achse 2	11.500 kg
Zul. Achslast - Achse 3	8.160 kg
Zul. Achslast - Achse 4	8.160 kg
Länge	24.785 mm
Breite	2.550 mm
Höhe	3.280 mm
Höchstgeschwindigkeit	85 km/h
Reifengröße Achse 2	275/70 R22,5
Reifengröße Achse 1, 3, 4	315/60 R22,5
Wendekreis	24 m
Kraftstoff-/ Zusatztank	400 l
Heizöltank	100 l
Ad-Blue-Tank	-
Motoröl / Nachfüllbehälter	30 l / 20 l
Motor	DAF, Euro-3 Motor, DAF PE 265 C
Hubraum	9.200 cm^3
Leistung	265kW (360PS)
Getriebe	ZF, 5HP 602 C mit NBS (5-Gang)
Abgasnachbehandlung	CRT (Dinex)

Ausrüstung
Klimaanlage	Sütrak
Fahrzeug-Elektronik	ABS, ASR, EBS, ENR
Türsystem	Elektro-pneumatisch
Tür 1,3 und 4	Innenschwenktür
Tür 2	Außenschwenkschiebetür (Ventura)

2010-11-01

Serie 2401-2423

Im Jahre 2004 beschaffte die Hochbahn eine weitere Citaro Stadtbusserie. Die Fahrzeuge entsprachen weitesgehend den bisher gelieferten Fahrzeugen. Wichtigstes Unterscheidungsmerkmal war, dass diese Fahrzeuge nun über eine LAWO LCD Anlage verfügten, im Gegensatz zur bisher beschafften LAWO FlipDot Anlage. Leider blichen diese Anzeigen im Laufe der Jahre oft aus, deshalb startete im Jahr 2015 ein Umbauprogramm, um die bisherige Beleuchtung der Anlagen durch neue LED-Hintergrundbeleuchtung auszuwechseln, was den Anzeigen wieder eine frische helle Optik verlieh.

Busscheibe 23 – Wagen-Nr. 2401 – 2423 EvoBus

Stadt-Omnibus Typ – O530

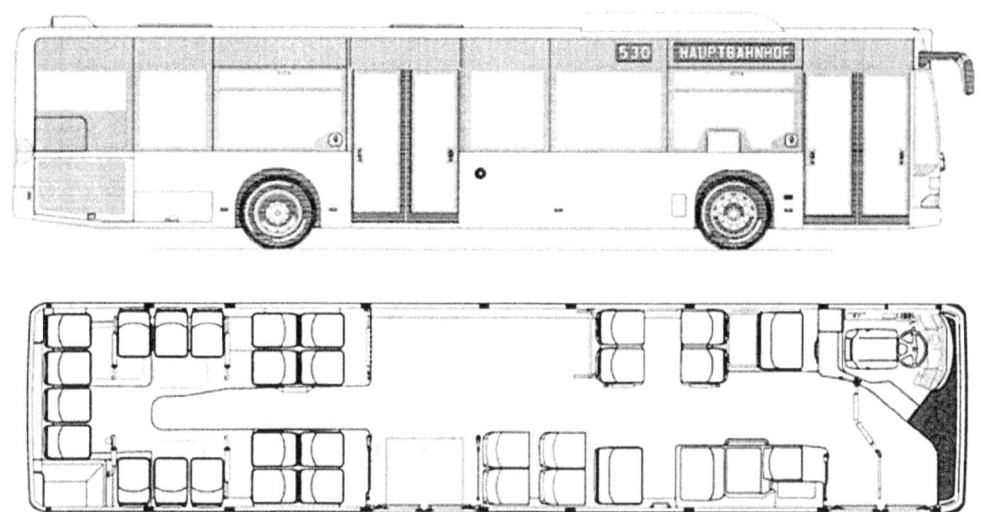

Allgemeine Daten	
Baujahr	2004
Sitzplätze o. Fahrerplatz	33
Stehplätze	67
Gesamtplätze	100

Technische Daten	
Eigengewicht	11.355 kg
Zul. Gesamtgewicht	18.000 kg
Zul. Achslast - Achse 1	6.930 kg
Zul. Achslast - Achse 2	11.500 kg
Zul. Achslast - Achse 3	-
Zul. Achslast - Achse 4	-
Länge	12.000 mm
Breite	2.550 mm
Höhe	3.100 mm
Höchstgeschwindigkeit	80 km/h
Reifengröße	275/70 R22,5
Wendekreis	21,5 m
Kraftstoff-/ Zusatztank	280 l
Heizöltank	50 l
Ad-Blue-Tank	-
Motoröl / Nachfüllbeh.	25 l / 19,5 l
Kühlflüssigkeit	50 l
Motor	EvoBus, MB, EURO-3 Motor, OM 906 (h)LA
Hubraum	6.374 cm^3
Leistung	205 kW (279 PS)

Getriebe	ZF, Ecomat 5-HP 502 (5-Gang) / Voith
Abgasnachbehandlung	CRT (HJS 50 Keramik)
Ausrüstung	
Klimaanlage	Webasto
Fahrzeug-Elektronik	ABS, ASR, EBS, ENR, ECAS
Türsystem	Pneumatische Innenschwenktür

2010-11-01

Serie 2424-2439

Neben der Citaro Bestellung des Jahres 2004 wurden auch wieder MAN-Stadtbusse beschafft. Es handelte sich um Fahrzeuge mit der gleichen Ausstattung wie bisher, jetzt aber ebenfalls mit LCD-Anzeige statt FlipDot.

Wagen 2425 erhielt abweichend zu den anderen Fahrzeugen Außenschiebe- statt Innenschwenktüren in Fahrzeugmitte.

Busscheibe 24 – Wagen-Nr. 2424 – 2439 MAN

Stadt-Omnibus Typ – MAN NL 263

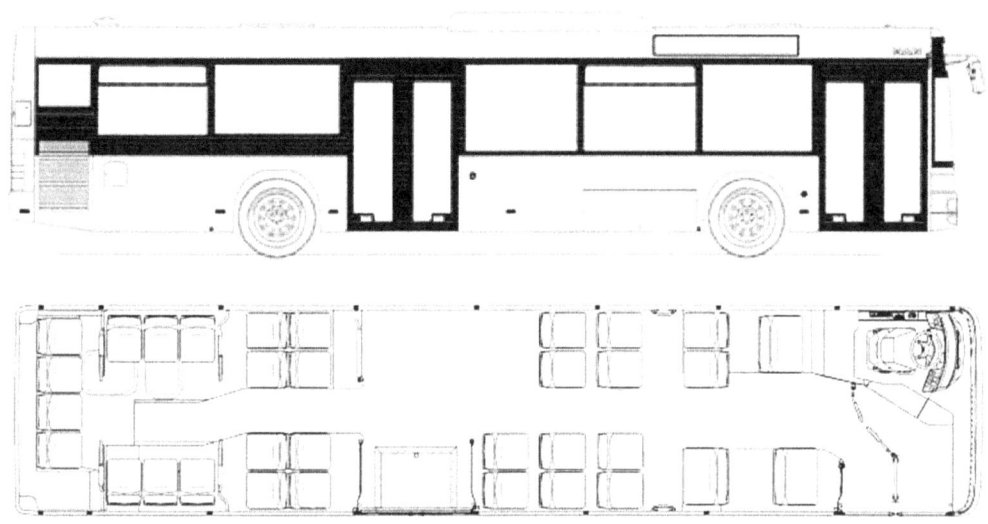

Allgemeine Daten		Getriebe	Voith, Diwa 854.3
Baujahr	2004		(4-Gang) /
Sitzplätze o. Fahrerplatz	33		ZF 6 HP 854.3
Stehplätze	57		(6-Gang)
Gesamtplätze	90	Abgasnachbehandlung	CRT (HJS 61 CSMF)
Technische Daten		**Ausrüstung**	
Eigengewicht	11.800 kg	Klimaanlage	Webasto
Zul. Gesamtgewicht	18.000 kg	Fahrzeug-Elektronik	ABS, ASR, EMR, ECAS
Zul. Achslast - Achse 1	6.930 kg	Türsystem	Pneumatische
Zul. Achslast - Achse 2	11.500 kg		Innenschwenktür
Zul. Achslast - Achse 3	-		
Zul. Achslast - Achse 4	-		
Länge	11.950 mm		
Breite	2.500 mm		
Höhe	2.985 mm		
Höchstgeschwindigkeit	82 km/h		
Reifengröße	275/70 R22,5		
Wendekreis	22,40 m		
Kraftstoff-/ Zusatztank	300 l		
Heizöltank	75 l		
Ad-Blue-Tank	-		
Motoröl / Nachfüllbeh.	33 l / 10 l		
Kühlflüssigkeit	50 – 60 l		
Motor	MAN, Euro-3 Motor, D2866 LUH23		
Hubraum	11.967 cm^3		
Leistung	191 kW (260 PS)		

Serie 7401-7414

Die im Jahre 2004 beschaffte Gelenkbusserie war weitgehend identisch zur letzt gebauten Serie, auch hier mit Ausnahme der Fahrzielanzeigen.
Außerdem geändert wurde die Bauart der Türöffner an den hinteren Türen im Fahrgastraum.

Busscheibe 82 – Wagen-Nr. 7401 – 7414 EvoBus

Stadt-Omnibus Typ – O 530 G

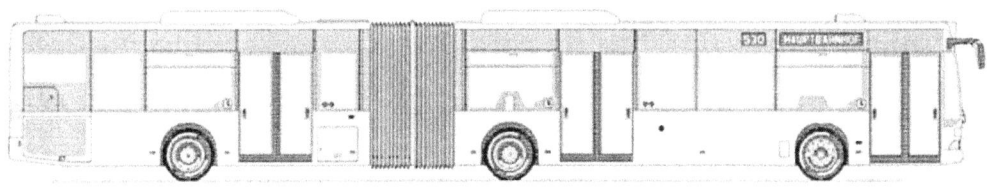

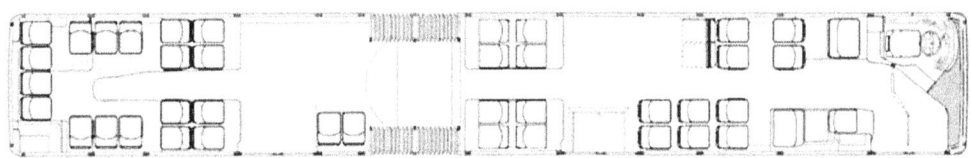

Allgemeine Daten
Baujahr	2004
Sitzplätze o. Fahrerplatz	43
Stehplätze	98
Gesamtplätze	141

Technische Daten
Eigengewicht	17.080 kg
Zul. Gesamtgewicht	28.000 kg
Zul. Achslast - Achse 1	7.245 kg
Zul. Achslast - Achse 2	10.000 kg
Zul. Achslast - Achse 3	11.500 kg
Zul. Achslast - Achse 4	-
Länge	17.990 mm
Breite	2.550 mm
Höhe	3.100 mm
Höchstgeschwindigkeit	85 km/h
Reifengröße	275/70R 22,5
Wendekreis	22,82 m
Kraftstoff-/ Zusatztank	150 l & 150 l / 100 l
Heizöltank	50 l
Ad-Blue-Tank	46 l
Motoröl / Nachfüllbeh.	33 l / 19,5 l
Kühlflüssigkeit	65 l
Motor	EvoBus, MB, EURO-3 Motor OM 457 (h)LA
Hubraum	11.967 cm^3
Leistung	220 kW (299 PS)
Getriebe	Voith D 864.3 (4-Gang) / ZF Ecomat, 6-HP 592 (6-Gang)
Abgasnachbehandlung	CRT (HJS 50 SMF)

Ausrüstung
Klimaanlage	Webasto
Fahrzeug-Elektronik	ABS, ASR, EBS, ENR, ECAS
Türsystem	Pneumatische Innenschwenktür

Serie 7415-7420

Neben der Citaro Bestellung des Jahres 2004 wurden auch wieder MAN-Gelenkbusse beschafft. Es handelte sich um Fahrzeuge mit der gleichen Ausstattung wie bisher, jetzt aber ebenfalls mit LCD-Anzeige statt FlipDot und einer zweiten Klimaanlage auch auf dem Vorderwagen.

Bei Wagen 74xx war die zweite Tür abweichend zu den anderen Fahrzeugen als Außenschiebe- statt als Innenschwenktür ausgeführt.

Busscheibe 83 – Wagen-Nr. 7415 – 7420 MAN

Stadt-Omnibus Typ – MAN NG 313

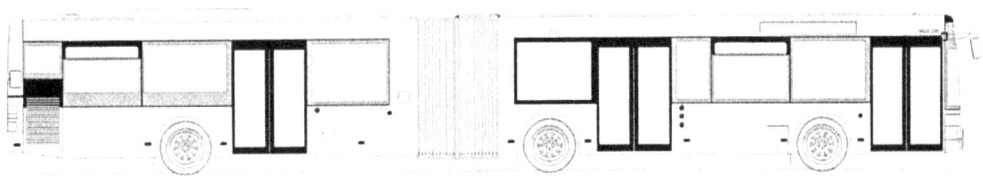

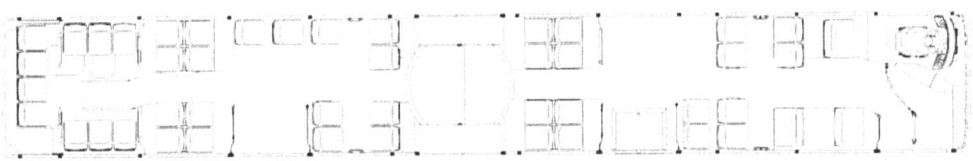

Allgemeine Daten		Getriebe	Voith D 864.3 (4-Gang) / ZF 6 HP 592 (6-Gang)
Baujahr	2004	Abgasnachbehandlung	CRT (HJS 61 CSMF)
Sitzplätze o. Fahrerplatz	46		
Stehplätze	53	**Ausrüstung**	
Gesamtplätze	99	Klimaanlage	Webasto
		Fahrzeug-Elektronik	ABS, ASR, EBS, ENR
Technische Daten		Türsystem	Pneumatische Innenschwenktür
Eigengewicht	16.700 kg		
Zul. Gesamtgewicht	28.000 kg		
Zul. Achslast - Achse 1	6.930 kg		
Zul. Achslast - Achse 2	10.000 kg		
Zul. Achslast - Achse 3	11.500 kg		
Zul. Achslast - Achse 4	-		
Länge	17.950 mm		
Breite	2.500 mm		
Höhe	3.100 mm		
Höchstgeschwindigkeit	82 km/h		
Reifengröße	275/70 R22,5		
Wendekreis	24 m		
Kraftstoff-/ Zusatztank	350 l		
Heizöltank	8 l		
Ad-Blue-Tank	-		
Motoröl / Nachfüllbeh.	33 l / 10 l		
Kühlflüssigkeit	70 – 80 l		
Motor	MAN, Euro-3 Motor, D2866 LUH24		
Hubraum	11.967 cm^3		
Leistung	228 kW (310 PS)		

Serie 7421-7425

Diese Fahrzeugen wurden ursprünglich für die Hochbahn-Tochter Fulda Bus Gesellschaft beschafft und auch dort beheimatet. Nach Ablauf des Auftrages in Fulda nach einer erneuten Ausschreibung, wurden diese Fahrzeuge zusammen mit weiteren Gelenk- und Stadtbussen nach Hamburg geholt und alle Fahrzeuge bis auf diese fünf Gelenkbusse verkauft.
Sie verblieben bei der Hochbahn und wurden als Wagen 7421-7425 eingereiht und umgehend an die Hochbahn-Tochter Jasper für den Einsatz auf der Linie 13 verliehen, die diese aber auch auf anderen Linien einsetzte.
Es handelte sich um Hamburg-untypische Überlandgelenkbusse mit luxuriöser Ausstattung und ausschließlich Außenschwenktüren, vorne nur mit einem Türflügel. Die Wagen wurden bereits 2015 ausgemustert.

Serie 6401-6403

Als erste Citaro Schnellbusserie beschaffte die Hochbahn 2004 drei Fahrzeuge, die abweichend zu den Stadtbussen über eine verlängerte 13 Meter Karosserie, Überlandausstattung und Außenschiebetüren verfügt. Der vordere Einstieg ist mit einem breiten Einzelflügel ausgeführt. Auf werbefreundliche Fronten wurde bei dieser und auch der folgenden Serie verzichtet.
Mit diesen Fahrzeugen wurde das neue Farbschema für Schnellbusse eingeführt. Als Test für diesen Lack wurde ein Volvo Stadtbus der Hochbahn-Tochter Süderelbe Busgesellschaft (SBG) mit einem ähnlichen Lack bereits 2002 ausgeführt.

Busscheibe 26 – Wagen-Nr. 6401 – 6410 EvoBus

Stadt-Omnibus Typ – O 530 MÜ

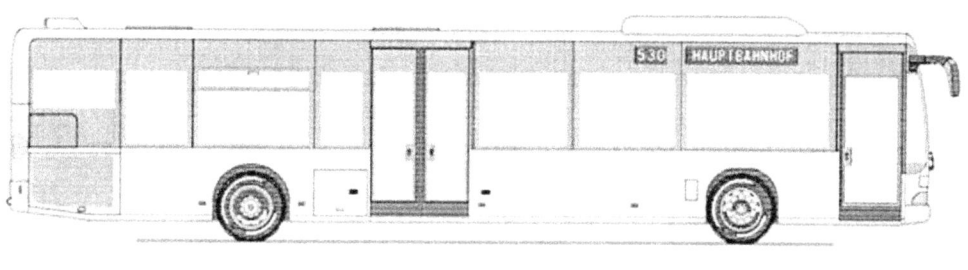

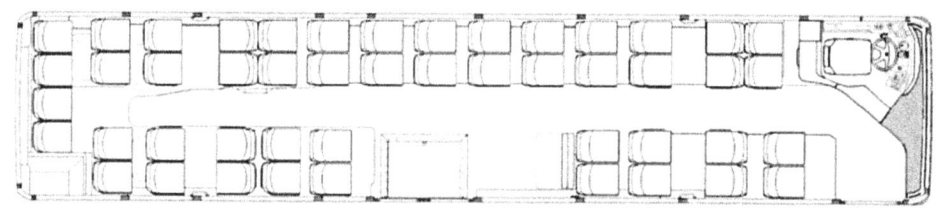

Allgemeine Daten

Baujahr	2004
Sitzplätze o. Fahrerplatz	49
Stehplätze	36
Gesamtplätze	85

Technische Daten

Eigengewicht	12.300 kg
Zul. Gesamtgewicht	18.000 kg
Zul. Achslast - Achse 1	6.930 kg
Zul. Achslast - Achse 2	11.500 kg
Zul. Achslast - Achse 3	-
Zul. Achslast - Achse 4	-
Länge	13.010 mm
Breite	2.550 mm
Höhe	3.100 mm
Höchstgeschwindigkeit	85 km/h
Reifengröße	275/70 R22,5
Wendekreis	21,54 m
Kraftstoff-/ Zusatztank	200 l & 160 l
Heizöltank	50 l
Ad-Blue-Tank	-
Motoröl / Nachfüllbeh.	33 l / 19,5 l
Kühlflüssigkeit	65 l
Motor	EvoBus, MB, EURO-3 Motor OM 457 (h)LA
Hubraum	11.967 cm^3
Leistung	220 kW (299 PS)

Getriebe	ZF Ecomat, 6 HP 592 (6-Gang)
Abgasnachbehandlung	CRT (HJS 50 SMF)

Ausrüstung

Klimaanlage	Webasto
Fahrzeug-Elektronik	ABS, ASR, BS, ENR, ECAS, CPC, D-MUX
Türsystem	elektrische Schwenkschiebetür

Serie 6404-6420

Nach den drei ersten Schnellbussen folgten 2005 weitere 17, welche in die gleiche Nummerngruppe eingeordnet wurden, da die 65er Nummern noch durch die Schnellbusse des Baujahres 1994 belegt waren.

Abweichend zu den ersten drei erhielten die Fahrzeuge einen grauen, statt einem roten Deckenstreifen. Ab dieser Serie wurden die nun gesetzlich geforderten Nothähne außen an den Türen eingeführt. Diese dienen der Türentlüftung im Notfall.

Busscheibe 29 – Wagen-Nr. 6411 – 6420 EvoBus

Stadt-Omnibus Typ – O 530 MÜ

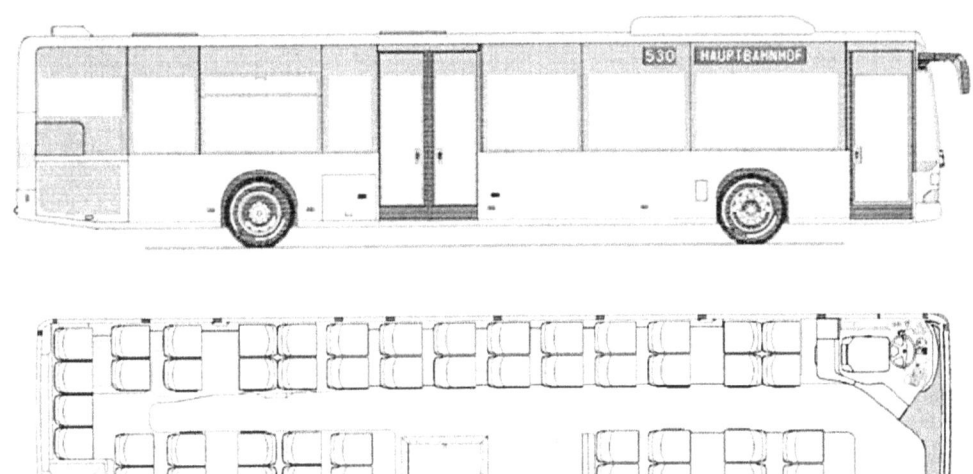

Allgemeine Daten	
Baujahr	2005
Sitzplätze o. Fahrerplatz	49
Stehplätze	36
Gesamtplätze	85
Technische Daten	
Eigengewicht	12.300 kg
Zul. Gesamtgewicht	18.000 kg
Zul. Achslast - Achse 1	6.930 kg
Zul. Achslast - Achse 2	11.500 kg
Zul. Achslast - Achse 3	-
Zul. Achslast - Achse 4	-
Länge	13,01 m
Breite	2.550 mm
Höhe	3.100 mm
Höchstgeschwindigkeit	85 km/h
Reifengröße	275/70 R22,5
Wendekreis	21,54 m
Kraftstoff-/ Zusatztank	200 l & 160 l
Heizöltank	50 l
Ad-Blue-Tank	-
Motoröl / Nachfüllbeh.	33 l / 19,5 l
Kühlflüssigkeit	50 l
Motor	EvoBus, MB, EURO-3 Motor OM 457 (h)LA
Hubraum	11.967 cm³
Leistung	220 kW (299 PS)
Getriebe	ZF Ecomat, 6 HP 592 (6-Gang)
Abgasnachbehandlung	CRT (HJS 50 SMF)
Ausrüstung	
Klimaanlage	Webasto
Fahrzeug-Elektronik	ABS, ASR,BS, ENR, ECAS, CPC, D-MUX
Türsystem	elektrische Schwenkschiebetür

Serie 2501-2503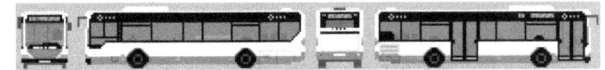

Im Jahre 2005 nahm die Hochbahn als eines der wenigen Unternehmen in Deutschland die ersten Solo-Fahrzeuge mit BlueTec Euro 4 Motoren in den Bestand. Ursprünglich wurden diese Fahrzeuge bereits 2004 bestellt und mit roten Griffstangen versehen, vor der Auslieferung aber auf das neue Innendesign mit gelben Stangen umgestellt. Aufgrund dessen erhielten die Fahrzeuge die Stop-Drücker, die zuletzt in den O405N2 eingebaut wurden. Technisch und vom Innendesign entsprechen diese Fahrzeuge bereits den späteren Citaro Facelift Serien. Aufgrund der Gesetzgebung erhielten auch diese Fahrzeuge die Nothähne außen an den Türen.

Busscheibe 28 – Wagen-Nr. 2501 – 2503 EvoBus

Stadt-Omnibus Typ – O 530

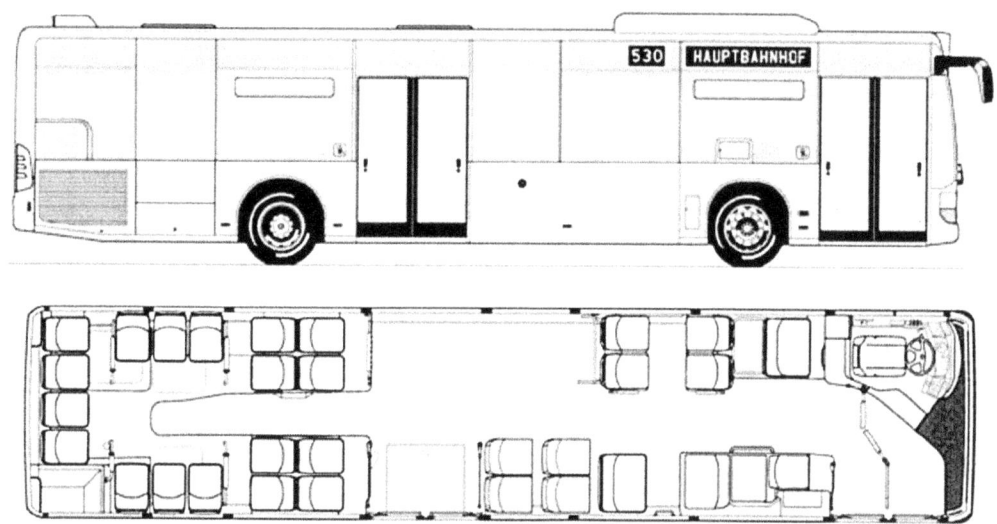

Allgemeine Daten
Baujahr	2005
Sitzplätze o. Fahrerplatz	31
Stehplätze	51
Gesamtplätze	82

Technische Daten
Eigengewicht	11.970 kg
Zul. Gesamtgewicht	18.000 kg
Zul. Achslast - Achse 1	6.930 kg
Zul. Achslast - Achse 2	11.500 kg
Zul. Achslast - Achse 3	-
Zul. Achslast - Achse 4	-
Länge	12.000 mm
Breite	2.550 mm
Höhe	3.100 mm
Höchstgeschwindigkeit	80 km/h
Reifengröße	275/70 R22,5
Wendekreis	21,03 m
Kraftstoff-/ Zusatztank	280 l
Heizöltank	50 l
Ad-Blue-Tank	-
Motoröl / Nachfüllbeh.	33 l / 19,5 l
Kühlflüssigkeit	50 l
Motor	EvoBus, MB, EURO-4 Motor OM 457 (h)LA
Hubraum	11.967 cm³
Leistung	220 kW (299 PS)
Getriebe	Voith D 864.3 (4-Gang)
Abgasnachbehandlung	CRT (HJS 50 Keramik)

Ausrüstung
Klimaanlage	Webasto
Fahrzeug-Elektronik	ABS, ASR, BS, ENR, ECAS, CPC, D-MUX
Türsystem	Pneumatische Innenschwenktür

Serie 2504-2520

Neben den drei Probefahrzeugen erhielt die Hochbahn weitere Stadtbusse im Jahre 2005. Diese Fahrzeuge waren mit Ausnahme der nun gelben Griffstangen im Fahrgastraum und den notwendigen Nothähnen identisch zu den letzten Fahrzeugen des Baujahres 2004. Da die Fahrzeuge in zwei verschiedenen Lieferserien beschafft wurden, gab es eine Änderung ab Wagen 2514. Fortan verzichtete die Hochbahn auf die Dachluken.

Busscheibe 27 –Wagen-Nr. 2504 – 2520 EvoBus

Stadt-Omnibus Typ – O 530

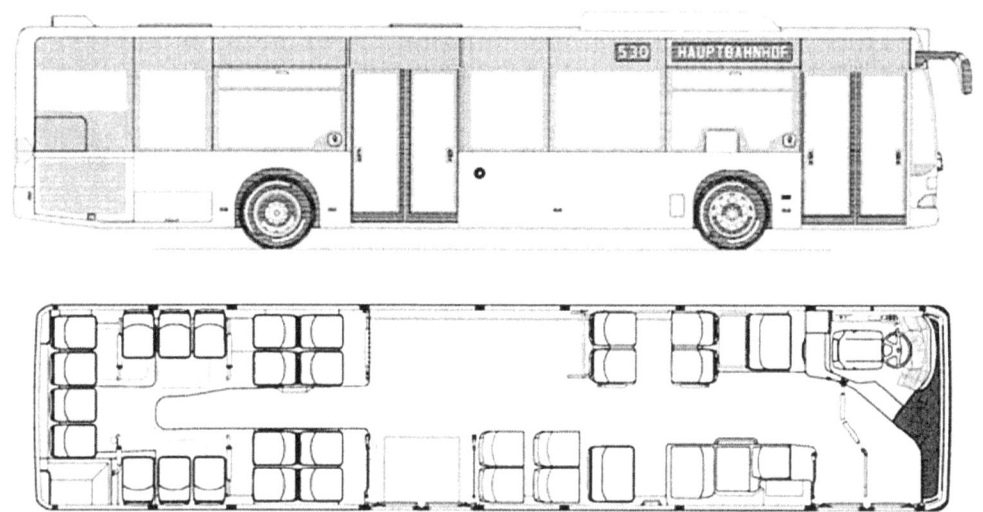

Allgemeine Daten
Baujahr	2005
Sitzplätze o. Fahrerplatz	34
Stehplätze	65
Gesamtplätze	99

Technische Daten
Eigengewicht	11.390 kg
Zul. Gesamtgewicht	18.000 kg
Zul. Achslast - Achse 1	6.930 kg
Zul. Achslast - Achse 2	11.500 kg
Zul. Achslast - Achse 3	-
Zul. Achslast - Achse 4	-
Länge	12.000 mm
Breite	2.550 mm
Höhe	3.100 mm
Höchstgeschwindigkeit	80 km/h
Reifengröße	275/70 R22,5
Wendekreis	21,54 m
Kraftstoff-/ Zusatztank	280 l
Heizöltank	50 l
Ad-Blue-Tank	-
Motoröl / Nachfüllbeh.	25 l / 19,5 l
Kühlflüssigkeit	50 l
Motor	EvoBus, MB, EURO-3 Motor, OM 906 (h)LA
Hubraum	6.374 cm³
Leistung	205 kW (279 PS)
Getriebe	Voith 854.3 (4-Gang) / ZF Ecomat, 6-HP 502 (6-Gang)
Abgasnachbehandlung	CRT (HJS 50 Keramik)

Ausrüstung
Klimaanlage	Webasto
Fahrzeug-Elektronik	ABS, ASR,BS, ENR, ECAS, CPC, D-MUX
Türsystem	Pneumatische Innenschwenktür

Serie 2521-2523

Als Ersatz für die von Jasper übernommenen dreitürigen Testwagen beschaffte die Hochbahn drei Neufahrzeuge in dreitüriger Ausführung. Diese Fahrzeuge hatten erstmals einen stehenden Motor eingebaut und aus diesem Grund auch nur eine Liniennummernanzeige im Heck.

Während die Wagen 2501-2503 vor ihrer Auslieferung von roten auf gelbe Stangen umgebaut wurden, wurden diese drei Fahrzeuge auf expliziten Wunsch noch einmal mit roten Stangen ausgeliefert, wenn auch in einem leuchtenderen Rotton gehalten. Letztendlich blieb es bei diesen drei Fahrzeugen mit dieser Farbgestaltung.

Busscheibe 30 – Wagen-Nr. 2521 – 2523 EvoBus

Stadt-Omnibus Typ – O 530

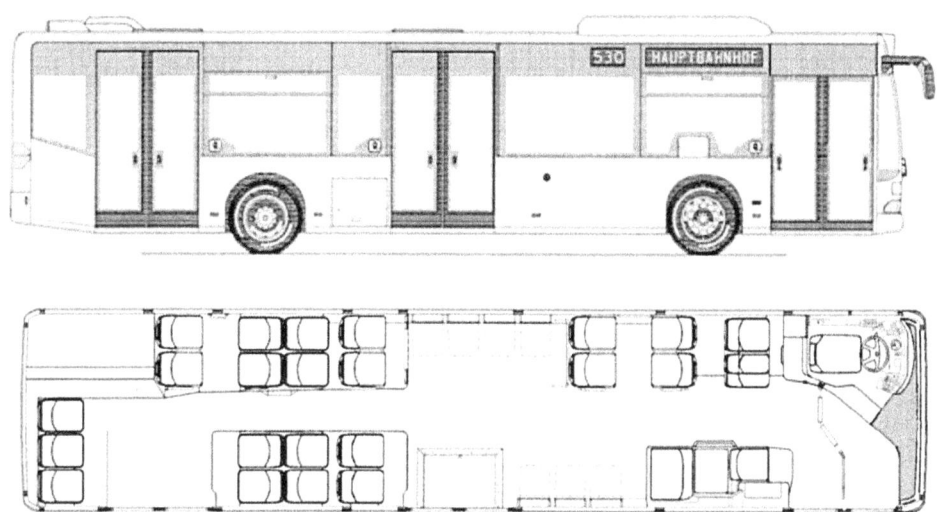

Allgemeine Daten		Getriebe	ZF Ecomat, 6 HP 502 (6-Gang)
Baujahr	2005		
Sitzplätze o. Fahrerplatz	25	Abgasnachbehandlung	CRT (HJS 50 Keramik)
Stehplätze	72	**Ausrüstung**	
Gesamtplätze	97	Klimaanlage	Webasto
		Fahrzeug-Elektronik	ABS, ASR, BS, ENR, ECAS, CPC, D-MUX
Technische Daten			
Eigengewicht	11.360 kg	Türsystem	
Zul. Gesamtgewicht	18.000 kg	Tür 1	Pneumatische Innenschwenktür
Zul. Achslast - Achse 1	6.930 kg		
Zul. Achslast - Achse 2	11.500 kg	Tür 2 & 3	Elektrische Schwenkschiebetür
Zul. Achslast - Achse 3	-		
Zul. Achslast - Achse 4	-		
Länge	12.000 mm		
Breite	2.550 mm		
Höhe	3.100 mm		
Höchstgeschwindigkeit	80 km/h		
Reifengröße	275/70 R22,5		
Wendekreis	21,54 m		
Kraftstoff-/ Zusatztank	280 l		
Heizöltank	50 l		
Ad-Blue-Tank	-		
Motoröl / Nachfüllbeh.	25 l / 19,5 l		
Kühlflüssigkeit	50 l		
Motor	EvoBus, MB, EURO-3 Motor, OM 906 (h)LA		
Hubraum	6.374 cm³		
Leistung	205 kW (279 PS)		

Serie 7501-7510

Die zehn im Jahre 2005 beschafften Gelenkbusse der Hochbahn waren weitgehend identisch zu der letzt gebauten Serie von 2004.
Änderungen bestanden auch hier aus den nun gelben Griffstangen im Innenraum, den Nothähnen, fehlenden Dachluken und einer breiteren Klimaanlage auf dem Vorderwagen.

Busscheibe 84 – Wagen-Nr. 7501 – 7510 EvoBus

Stadt-Omnibus Typ – O 530 G

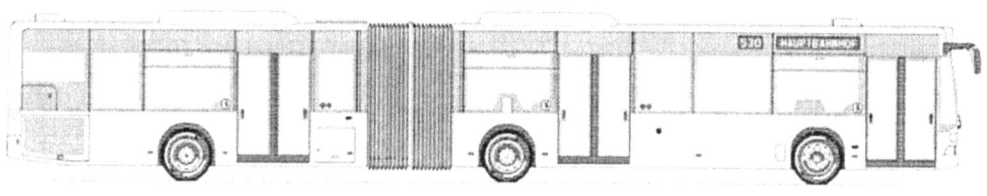

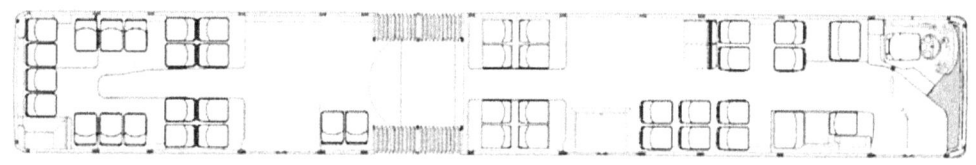

Allgemeine Daten
Baujahr	2005
Sitzplätze o. Fahrerplatz	44
Stehplätze	106
Gesamtplätze	150

Technische Daten
Eigengewicht	17.050 kg
Zul. Gesamtgewicht	28.000 kg
Zul. Achslast - Achse 1	7.245 kg
Zul. Achslast - Achse 2	10.000 kg
Zul. Achslast - Achse 3	11.500 kg
Zul. Achslast - Achse 4	-
Länge	17.990 mm
Breite	2.550 mm
Höhe	3.100 mm
Höchstgeschwindigkeit	80 km/h
Reifengröße	275/70 R22,5
Wendekreis	22,82 m
Kraftstoff-/ Zusatztank	150 l & 150 l / 100 l
Heizöltank	50 l
Ad-Blue-Tank	46 l
Motoröl / Nachfüllbeh.	33 l / 19,5 l
Kühlflüssigkeit	65 l
Motor	EvoBus, MB, EURO-3 Motor OM 457 (h)LA
Hubraum	11.967 cm^3
Leistung	220 kW (299 PS)

Getriebe	ZF Ecomat, 6-HP 592 (6-Gang)
Abgasnachbehandlung	CRT (HJS 50 Keramik)

Ausrüstung
Klimaanlage	Webasto
Fahrzeug-Elektronik	ABS, ASR, BS, ENR, ECAS, CPC, D-MUX
Türsystem	Pneumatische Innenschwenktür

Serie 2524-2535

Nachdem man sich von MAN vorübergehend getrennt hatte und diese Fahrzeuge ursprünglich als MAN geplant waren und jetzt mit der Kooperation mit VanHool aufgrund der Doppelgelenkbus-Beschaffung die Möglichkeit bestand, wurden diese 12 Fahrzeuge als Solo-Fahrzeuge vom Typ newA330 ebenfalls von VanHool beschafft.

Die Ausstattung entsprach der Serienbeschaffung der newAGG300. Die Fahrzeuge wurden mit einem Turmmotor in stehender Ausführung beschafft und haben aus diesem Grund auch nur eine Linienanzeige im Heck. Die Fahrzeuge besitzen in Fahrzeugmitte eine Außenschiebetür. Die Schalensitze entsprechen denen der MAN Fahrzeuge.

Busscheibe 31 – Wagen-Nr. 2524 – 2535 Van Hool

Stadt-Omnibus Typ – A330

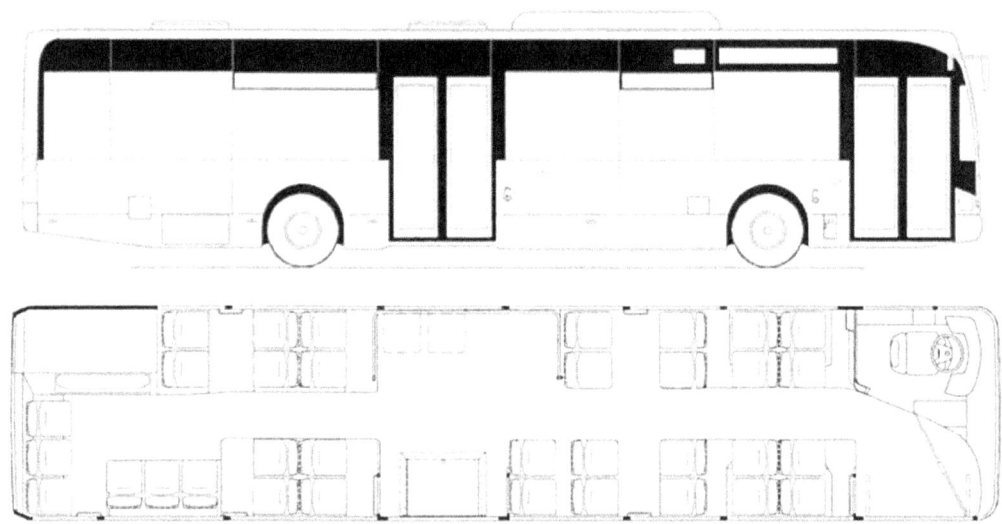

Allgemeine Daten	
Baujahr	2005
Sitzplätze o. Fahrerplatz	35
Stehplätze	47
Gesamtplätze	82

Technische Daten	
Eigengewicht	12.350 kg
Zul. Gesamtgewicht	18.000 kg
Zul. Achslast - Achse 1	7.250 kg
Zul. Achslast - Achse 2	11.500 kg
Zul. Achslast - Achse 3	-
Zul. Achslast - Achse 4	-
Länge	11.995 mm
Breite	2.550 mm
Höhe	3.100 mm
Höchstgeschwindigkeit	85 km/h
Reifengröße	275/70 R22,5
Kraftstoff-/ Zusatztank	270 l
Heizöltank	40 l
Ad-Blue-Tank	-
Motoröl / Nachfüllbeh.	30 l / 20 l
Motor	DAF, Euro-3 Motor, PE 183
Hubraum	9.186 cm^3
Leistung	188 kW (255PS)
Getriebe	ZF Ecomat 6-HP 502 (6-Gang)
Abgasnachbehandlung	CRT (Dinex)

Ausrüstung	
Klimaanlage	Webasto
Fahrzeug-Elektronik	ABS /ASR
Türsystem	Elektro-pneumatisch
Tür 1	Innenschwenktür
Tür 2	Außenschwenkschiebetür (Ventura)

2010-11-01

Serie 8501-8510

Nach dem erfolgreichen Test von Wagen 7400 hat man sich entschieden, die Metrobuslinie 5 auf Doppelgelenkbusse umzustellen.
Es wurde entschieden, insgesamt 25 Doppelgelenkbusse des Typs newAGG300 von VanHool in zwei Lieferserien zu beschaffen.
Die ersten zehn Fahrzeuge wurden im Jahr 2005 beschafft.
Im Vergleich zum Probefahrzeug wurden insbesondere im Heckbereich die Sitze anders angeordnet, auf die Dachverkleidung wurde verzichtet.
Ansonsten verfügen die Fahrzeuge über die übliche Hochbahn-Ausstattung mit gelben Griffstangen und LCD-Zielanzeige.

Busscheibe 85 –Wagen-Nr. 8501 – 8510 Van Hool

Stadt-Omnibus Typ – AGG300

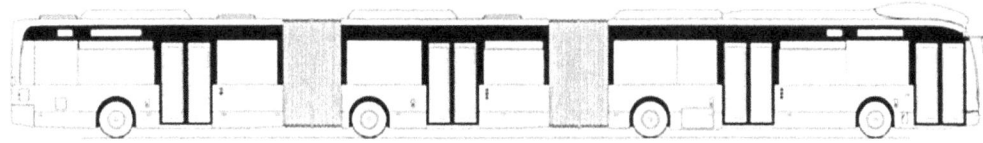

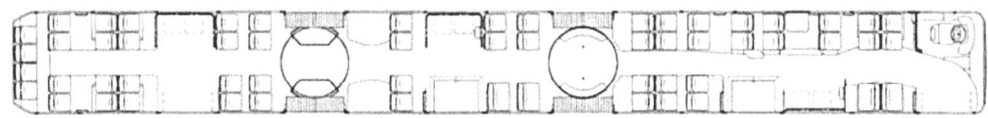

Allgemeine Daten
Baujahr	2005
Sitzplätze o. Fahrerplatz	64
Stehplätze	118
Gesamtplätze	182

Technische Daten
Eigengewicht	21.360 kg
Zul. Gesamtgewicht	35.000 kg
Zul. Achslast - Achse 1	8.000 kg
Zul. Achslast - Achse 2	11.500 kg
Zul. Achslast - Achse 3	8.160 kg
Zul. Achslast - Achse 4	8.160 kg
Länge	24.785 mm
Breite	2.550 mm
Höhe	3.280 mm
Höchstgeschwindigkeit	80 km/h
Reifengröße	315/60 R22,5 / 275/70 R22,5
Wendekreis	24 m
Kraftstoff-/ Zusatztank	400 l
Heizöltank	100 l
Ad-Blue-Tank	-
Motoröl / Nachfüllbeh.	30 l / 20 l
Motor	DAF, Euro-3 Motor, PE 265C
Hubraum	9.186 cm^3
Leistung	266 kW (362 PS)
Getriebe	ZF Ecomat 6-HP 604C (6-Gang)
Abgasnachbehandlung	CRT (Dinex)

Ausrüstung
Klimaanlage	Webasto
Fahrzeug-Elektronik	ABS / ASR
Türsystem	Elektro-pneumatisch
Tür 1,3 und 4	Innenschwenktür
Tür 2	Außenschwenkschiebetür (Ventura)

Serie 7601-7605

Die Gelenkbusbeschaffung des Baujahres 2006 war identisch zur letzten Beschaffung aus dem Jahre 2005.

Busscheibe 86 – Wagen-Nr. 7601 – 7605 EvoBus

Stadt-Omnibus Typ – O 530 G

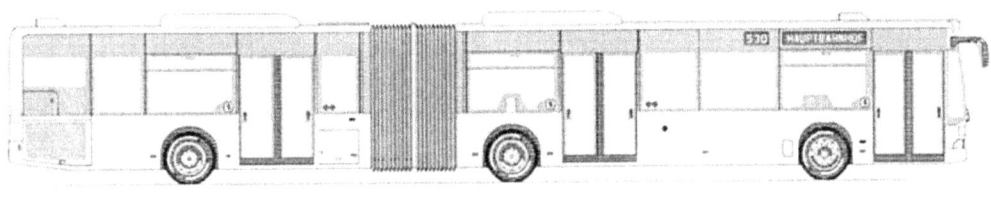

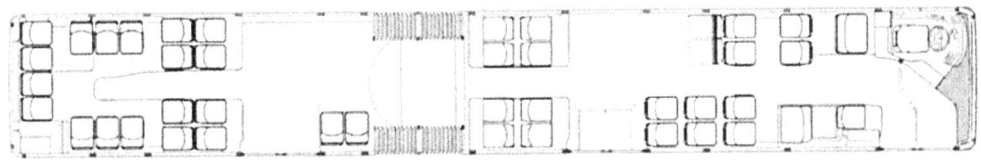

Allgemeine Daten	
Baujahr	2006
Sitzplätze o. Fahrerplatz	40
Stehplätze	111
Gesamtplätze	151
Technische Daten	
Eigengewicht	16.710 kg
Zul. Gesamtgewicht	28.000 kg
Zul. Achslast - Achse 1	7.245 kg
Zul. Achslast - Achse 2	10.000 kg
Zul. Achslast - Achse 3	11.500 kg
Zul. Achslast - Achse 4	-
Länge	17.990 mm
Breite	2.550 mm
Höhe	3.100 mm
Höchstgeschwindigkeit	80 km/h
Reifengröße	275/70 R22,5
Wendekreis	22,82 m
Kraftstoff-/ Zusatztank	150 l & 150 l / 100 l
Heizöltank	50 l
Ad-Blue-Tank	46 l
Motoröl / Nachfüllbeh.	33 l / 19,5 l
Kühlflüssigkeit	65 l
Motor	EvoBus, MB, EURO-3 Motor OM 457 (h)LA
Hubraum	11.967 cm^3
Leistung	220 kW (299 PS)
Getriebe	ZF Ecomat, 6-HP 592 (6-Gang) / Voith D 864.3 (4-Gang)
Abgasnachbehandlung	CRT (HJS 50 SMF)
Ausrüstung	
Klimaanlage	Webasto
Fahrzeug-Elektronik	ABS, ASR, BS, ENR, ECAS, CPC, D-MUX
Türsystem	Pneumatische Innenschwenktür

Serie 2601-2605

Die erste Stadtbusbeschaffung des Baujahres 2006 war identisch zur letzten Beschaffung aus dem Jahre 2005.

Busscheibe 32 –Wagen-Nr. 2601 – 2605 EvoBus

Stadt-Omnibus Typ – O 530

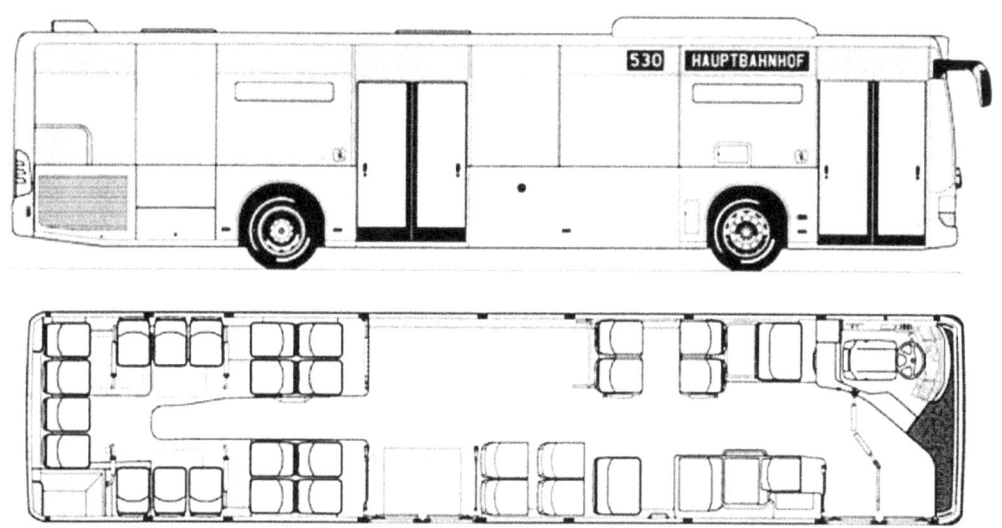

Allgemeine Daten		Getriebe	ZF Ecomat, 6 HP 502
Baujahr	2006		(6-Gang)
Sitzplätze o. Fahrerplatz	30	Abgasnachbehandlung	CRT (HJS 50 Keramik)
Stehplätze	68	**Ausrüstung**	
Gesamtplätze	98	Klimaanlage	Webasto
		Fahrzeug-Elektronik	ABS, ASR,BS, ENR, ECAS, CPC, D-MUX
Technische Daten		Türsystem	Pneumatische Innenschwenktür
Eigengewicht	11.220 kg		
Zul. Gesamtgewicht	18.000 kg		
Zul. Achslast - Achse 1	6.930 kg		
Zul. Achslast - Achse 2	11.500 kg		
Zul. Achslast - Achse 3	-		
Zul. Achslast - Achse 4	-		
Länge	12.000 mm		
Breite	2.550 mm		
Höhe	3.100 mm		
Höchstgeschwindigkeit	80 km/h		
Reifengröße	275/70 R22,5		
Wendekreis	21,5 m		
Kraftstoff-/ Zusatztank	280 l		
Heizöltank	50 l		
Ad-Blue-Tank	-		
Motoröl / Nachfüllbeh.	25 l / 19,5 l		
Kühlflüssigkeit	50 l		
Motor	EvoBus, MB, EURO-3 Motor, OM 906 (h)LA		
Hubraum	6.374 cm³		
Leistung	205 kW (279 PS)		

Serie 2606-2635

Nachdem bereits 2005 drei Fahrzeuge mit BlueTec Euro 4 Motor getestet wurden, wurde diese Motorisierung jetzt serienmäßig beschafft. Außerdem hat Evobus den Fahrzeugen ein größeres Designupgrade verpasst. Die Fahrzeuge wurden fortan im sprachlichen Gebrauch als Citaro Facelift bezeichnet, welches keine offizielle Schreibweise darstellt. Der Typ ist weiterhin O530.
Änderungen waren: gedrehte Blinker an der Front, die Frontklappe ist flacher geworden, die Heckpartie wurde neu gestaltet, im Innenraum wurden die Schalensitze dunkler gehalten, die Deckenverkleidung verändert und viele weitere Designteile geändert.

Busscheibe 33 – Wagen-Nr. 2606 – 2635 EvoBus

Stadt-Omnibus Typ – O 530

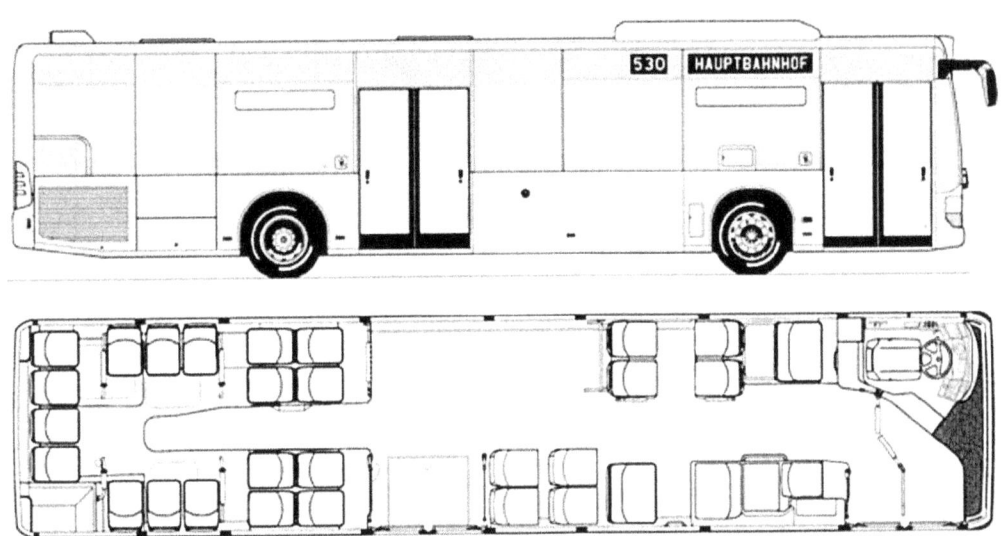

Allgemeine Daten	
Baujahr	2006
Sitzplätze o. Fahrerplatz	30
Stehplätze	68
Gesamtplätze	98
Technische Daten	
Eigengewicht	11.300 kg
Zul. Gesamtgewicht	18.000 kg
Zul. Achslast - Achse 1	6.930 kg
Zul. Achslast - Achse 2	11.500 kg
Zul. Achslast - Achse 3	-
Zul. Achslast - Achse 4	-
Länge	12.000 mm
Breite	2.550 mm
Höhe	3.100 mm
Höchstgeschwindigkeit	85 km/h
Reifengröße	275/70 R22,5
Wendekreis	21,03 m
Kraftstoff-/ Zusatztank	180 l & 100 l
Heizöltank	50 l
Ad-Blue-Tank	38 l
Motoröl / Nachfüllbeh.	25 l / 19,5 l
Kühlflüssigkeit	50 l
Motor	EvoBus, MB, EURO-5 Motor, OM 906 (h)LA
Hubraum	6.374 cm³
Leistung	210 kW (286 PS)
Getriebe	ZF Ecomat, 6 HP 502 (6-Gang)
Abgasnachbehandlung	SCR (AdBlue)
Ausrüstung	
Klimaanlage	Webasto
Fahrzeug-Elektronik	ABS, ASR,BS, ENR, ECAS, CPC, D-MUX
Türsystem	Pneumatische Innenschwenktür

Serie 7701-7710

Im Jahre 2007 beschaffte die Hochbahn die erste Serie an Facelift-Gelenkbussen. Die Ausstattung entsprach den Stadtbussen des Vorjahres.
Ab dieser Serie beschaffte die Hochbahn neue orange LED-Anzeigen von Lawo, da man mit der Erkennbarkeit der LCD-Anzeigen nicht mehr zufrieden war.

Die Wagen 7701-7705 hatten noch den alten Euro 4 Motor, die Wagen 7706-7710 bereits die neue Euro 5 Motorisierung.

Busscheibe 87 – Wagen-Nr. 7701 – 7705 EvoBus

Stadt-Omnibus Typ – O 530 G

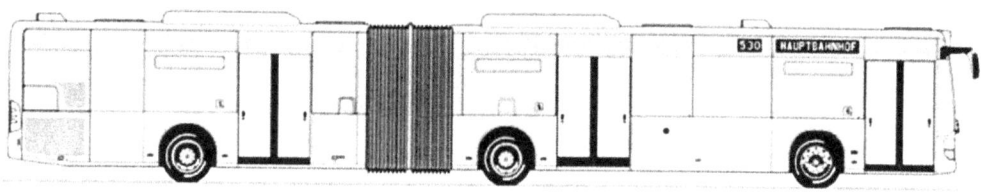

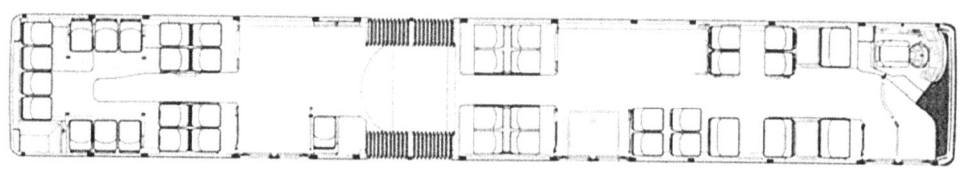

Allgemeine Daten

Baujahr	2007
Sitzplätze o. Fahrerplatz	39
Stehplätze	109
Gesamtplätze	148

Technische Daten

Eigengewicht	17.170 kg
Zul. Gesamtgewicht	28.000 kg
Zul. Achslast - Achse 1	7.245 kg
Zul. Achslast - Achse 2	10.000 kg
Zul. Achslast - Achse 3	11.500 kg
Zul. Achslast - Achse 4	-
Länge	17.940 mm
Breite	2.550 mm
Höhe	3.100 mm
Höchstgeschwindigkeit	85 km/h
Reifengröße	275/70 R22,5
Wendekreis	22,85 m
Kraftstoff-/ Zusatztank	150 l & 150 l / 100 l
Heizöltank	50 l
Ad-Blue-Tank	46 l
Motoröl / Nachfüllbeh.	33 l / 19,5 l
Kühlflüssigkeit	65 l
Motor	EvoBus, MB, EURO-4 Motor OM 457 (h)LA
Hubraum	11.967 cm^3
Leistung	220 kW (299 PS)

Getriebe	ZF Ecomat, 6-HP 592 (6-Gang) / Voith D 864.3 (4-Gang)
Abgasnachbehandlung	SCR (AdBlue)

Ausrüstung

Klimaanlage	Webasto
Fahrzeug-Elektronik	ABS, ASR, BS, ENR, ECAS, CPC, D-MUX
Türsystem	Pneumatische Innenschwenktür

2010-11-01

Busscheibe 89 –Wagen-Nr. 7706 – 7710 EvoBus

Stadt-Omnibus Typ – O 530 G

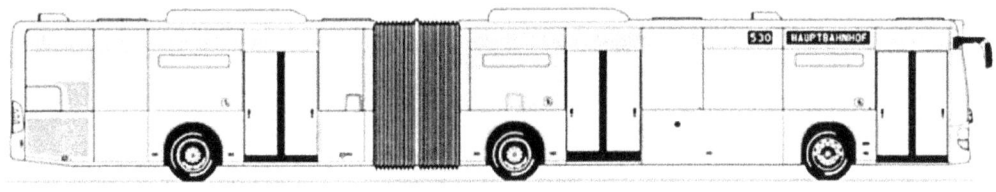

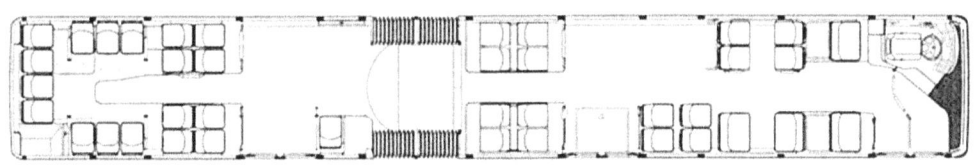

Allgemeine Daten
Baujahr	2007
Sitzplätze o. Fahrerplatz	39
Stehplätze	109
Gesamtplätze	148

Technische Daten
Eigengewicht	17.200 kg
Zul. Gesamtgewicht	28.000 kg
Zul. Achslast - Achse 1	7.245 kg
Zul. Achslast - Achse 2	10.000 kg
Zul. Achslast - Achse 3	11.500 kg
Zul. Achslast - Achse 4	-
Länge	17.940 mm
Breite	2.550 mm
Höhe	3.100 mm
Höchstgeschwindigkeit	85 km/h
Reifengröße	275/70 R22,5
Wendekreis	22,85 m
Kraftstoff-/ Zusatztank	150 l & 150 l / 100 l
Heizöltank	50 l
Ad-Blue-Tank	46 l
Motoröl / Nachfüllbeh.	33 l / 19,5 l
Kühlflüssigkeit	65 l
Motor	EvoBus, MB, EURO-5 Motor OM 457 (h)LA
Hubraum	11.967 cm^3
Leistung	220 kW (299 PS)

Getriebe	Voith D 864.3 (4-Gang)
Abgasnachbehandlung	SCR (AdBlue)

Ausrüstung
Klimaanlage	Webasto
Fahrzeug-Elektronik	ABS, ASR, BS, ENR, ECAS, CPC, D-MUX
Türsystem	Pneumatische Innenschwenktür

2010-11-01

Serie 2701-2702

Für die Buslinie 562 in Hamburg-Rahlstedt beschaffte die Hochbahn im Jahre 2007 zwei neue Kleinbusse als Ersatz für die gebraucht beschaffen Mercedes Benz Cito des Baujahres 1999.
Es handelte sich um zwei Evobus Citaro K, dem Stadtbus in der verkürzten Ausführung.
Sie entsprachen von der Ausführung der normalen Stadtbusserie dieses Jahres. Im Jahre 2011 wurden bei Fahrzeuge an die VHH abgegeben, die hiermit weiterhin die Linie 562 im Auftrag der Hochbahn bedient.

Busscheibe 34 –Wagen-Nr. 2701 – 2702 EvoBus

Stadt-Omnibus Typ – O 530 K

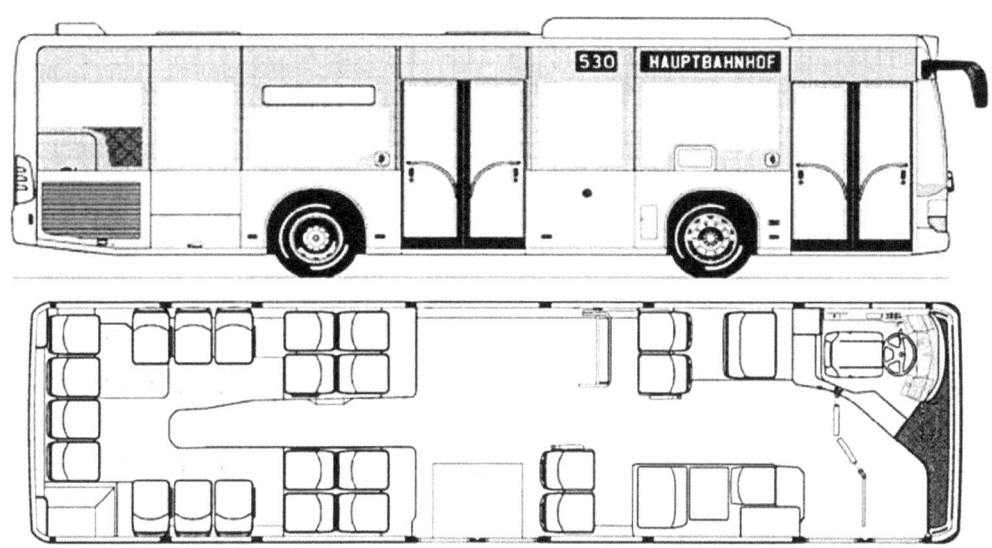

Allgemeine Daten		Getriebe	ZF Ecomat, 6 HP 502 (6-Gang)
Baujahr	2007		
Sitzplätze o. Fahrerplatz	25	Abgasnachbehandlung	SCR (AdBlue)
Stehplätze	61	**Ausrüstung**	
Gesamtplätze	86	Klimaanlage	Webasto
		Fahrzeug-Elektronik	ABS, ASR, BS, ENR, ECAS, CPC, D-MUX
Technische Daten			
Eigengewicht	10.800 kg	Türsystem	Pneumatische Innenschwenktür
Zul. Gesamtgewicht	18.000 kg		
Zul. Achslast - Achse 1	6.930 kg		
Zul. Achslast - Achse 2	11.500 kg		
Zul. Achslast - Achse 3	-		
Zul. Achslast - Achse 4	-		
Länge	10.503 mm		
Breite	2.550 mm		
Höhe	3.100 mm		
Höchstgeschwindigkeit	85 km/h		
Reifengröße	275/70 R22,5		
Wendekreis	17,2 m		
Kraftstoff-/ Zusatztank	180 l & 100 l		
Heizöltank	50 l		
Ad-Blue-Tank	38 l		
Motoröl / Nachfüllbeh.	25 l / 19,5 l		
Kühlflüssigkeit	50 l		
Motor	EvoBus, MB, EURO-5 Motor, OM 906 (h)LA		
Hubraum	6.374 cm³		
Leistung	210 kW (286 PS)		

Serie 2703-2763

Die Stadtbusbeschaffung des Jahres 2007 entsprach weitesgehend der Beschaffung des Jahres 2006. Die Fahrzeuge verfügten fortan über eine orange farbene LED-Anzeige. Alle erhielten bereits einen Euro 5 Motor.

Ab dieser Serie wurde auf eine Sitzreihe zugunsten eines größen Kinderwagen- und Rollstuhlstellplatzes vezichtet.

Daraufhin wurden bei den älteren Fahrzeugen ab 2007 ebenfalls Sitzreihen entfernt und die Stellplätze angeglichen.

Busscheibe 35 –Wagen-Nr. 2703 – 2717 EvoBus

Stadt-Omnibus Typ – O 530

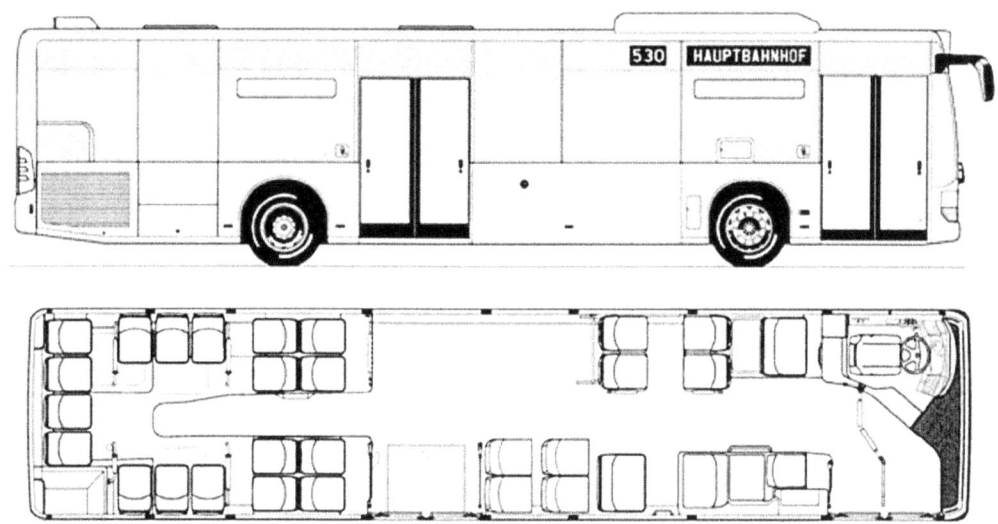

Allgemeine Daten		Getriebe	ZF Ecomat, 6 HP 502
Baujahr	2007		(6-Gang)
Sitzplätze o. Fahrerplatz	30	Abgasnachbehandlung	SCR (AdBlue)
Stehplätze	68	**Ausrüstung**	
Gesamtplätze	98	Klimaanlage	Webasto
		Fahrzeug-Elektronik	ABS, ASR,BS, ENR, ECAS, CPC, D-MUX
Technische Daten		Türsystem	Pneumatische Innenschwenktür
Eigengewicht	11.300 kg		
Zul. Gesamtgewicht	18.000 kg		
Zul. Achslast - Achse 1	7.245 kg		
Zul. Achslast - Achse 2	11.500 kg		
Zul. Achslast - Achse 3	-		
Zul. Achslast - Achse 4	-		
Länge	12.000 mm		
Breite	2.550 mm		
Höhe	3.100 mm		
Höchstgeschwindigkeit	85 km/h		
Reifengröße	275/70 R22,5		
Wendekreis	21,03 m		
Kraftstoff-/ Zusatztank	180 l & 100 l		
Heizöltank	50 l		
Ad-Blue-Tank	38 l		
Motoröl / Nachfüllbeh.	25 l / 19,5 l		
Kühlflüssigkeit	50 l		
Motor	EvoBus, MB, EURO-5 Motor, OM 906 (h)LA		
Hubraum	6.374 cm³		
Leistung	210 kW (286 PS)		

Busscheibe 36 – Wagen-Nr. 2718 – 2737 EvoBus

Stadt-Omnibus Typ – O 530

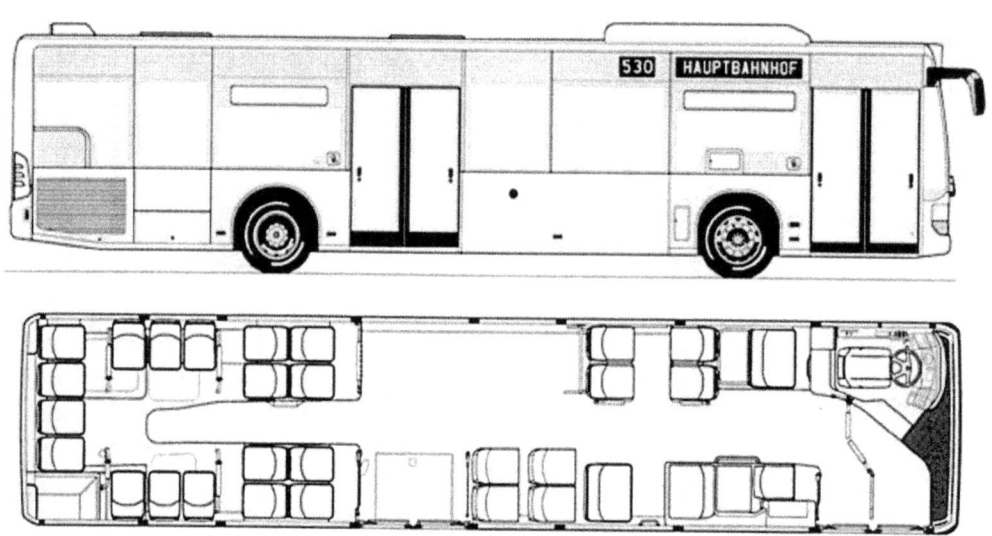

Allgemeine Daten		Getriebe	ZF Ecomat, 6 HP 502
Baujahr	2007		(6-Gang)
Sitzplätze o. Fahrerplatz	30	Abgasnachbehandlung	SCR (AdBlue)
Stehplätze	68	**Ausrüstung**	
Gesamtplätze	98	Klimaanlage	Webasto
		Fahrzeug-Elektronik	ABS, ASR, BS, ENR, ECAS, CPC, D-MUX
Technische Daten		Türsystem	Pneumatische Innenschwenktür
Eigengewicht	11.300 kg		
Zul. Gesamtgewicht	18.000 kg		
Zul. Achslast - Achse 1	7.245 kg		
Zul. Achslast - Achse 2	11.500 kg		
Zul. Achslast - Achse 3	-		
Zul. Achslast - Achse 4	-		
Länge	12.000 mm		
Breite	2.550 mm		
Höhe	3.100 mm		
Höchstgeschwindigkeit	85 km/h		
Reifengröße	275/70 R22,5		
Wendekreis	21,03 m		
Kraftstoff-/ Zusatztank	180 l & 100 l		
Heizöltank	50 l		
Ad-Blue-Tank	38 l		
Motoröl / Nachfüllbeh.	25 l / 19,5 l		
Kühlflüssigkeit	50 l		
Motor	EvoBus, MB, EURO-5 Motor, OM 906 (h)LA		
Hubraum	6.374 cm³		
Leistung	210 kW (286 PS)		

Busscheibe 37 –Wagen-Nr. 2738 – 2763 EvoBus

Stadt-Omnibus Typ – O 530

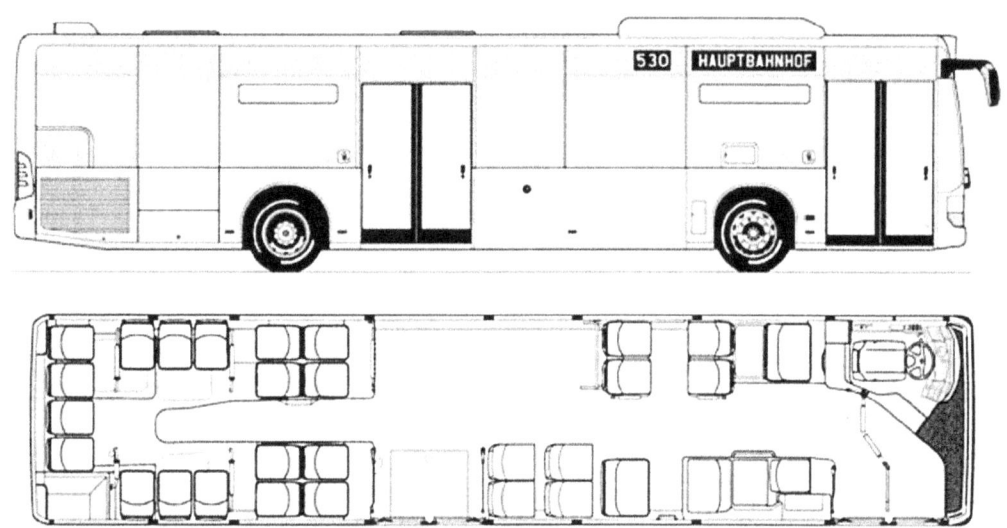

Allgemeine Daten

Baujahr	2007
Sitzplätze o. Fahrerplatz	30
Stehplätze	68
Gesamtplätze	98

Technische Daten

Eigengewicht	11.300 kg
Zul. Gesamtgewicht	18.000 kg
Zul. Achslast - Achse 1	7.245 kg
Zul. Achslast - Achse 2	11.500 kg
Zul. Achslast - Achse 3	-
Zul. Achslast - Achse 4	-
Länge	12.000 mm
Breite	2.550 mm
Höhe	3.100 mm
Höchstgeschwindigkeit	85 km/h
Reifengröße	275/70 R22,5
Wendekreis	21,03 m
Kraftstoff-/ Zusatztank	180 l & 100 l
Heizöltank	50 l
Ad-Blue-Tank	38 l
Motoröl / Nachfüllbeh.	25 l / 19,5 l
Kühlflüssigkeit	50 l
Motor	EvoBus, MB, EURO-5 Motor, OM 906 (h)LA
Hubraum	6.374 cm^3
Leistung	210 kW (286 PS)
Getriebe	ZF Ecomat, 6 HP 502 (6-Gang)
Abgasnachbehandlung	SCR (AdBlue)

Ausrüstung

Klimaanlage	Spheros
Fahrzeug-Elektronik	ABS, ASR, BS, ENR, ECAS, CPC, D-MUX
Türsystem	Pneumatische Innenschwenktür

Serie 8701-8715

Die zweite Serie der Doppelgelenkbusse wurde 2007 geliefert und entspricht in der Ausführung der ersten Serie. Änderung war wiederum die orange LED-Anlage von Lawo, sowie der Euro 5 Motor.

Busscheibe 88 – Wagen-Nr. 8701 – 8715 Van Hool

Stadt-Omnibus Typ – AGG300

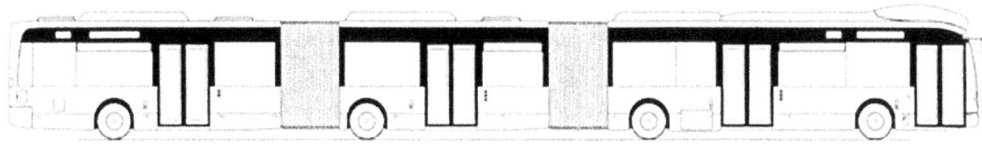

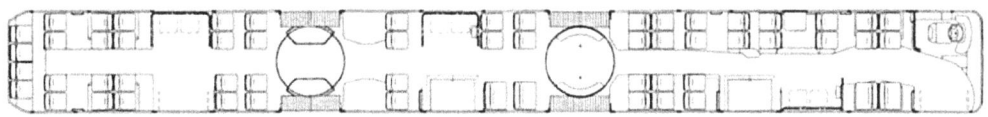

Allgemeine Daten	
Baujahr	2007
Sitzplätze o. Fahrerplatz	64
Stehplätze	118
Gesamtplätze	182

Technische Daten	
Eigengewicht	22.950 kg
Zul. Gesamtgewicht	35.000 kg
Zul. Achslast - Achse 1	8.000 kg
Zul. Achslast - Achse 2	11.500 kg
Zul. Achslast - Achse 3	8.160 kg
Zul. Achslast - Achse 4	8.160 kg
Länge	24.785 mm
Breite	2.550 mm
Höhe	3.280 mm
Höchstgeschwindigkeit	80 km/h
Reifengröße	315/60 R22,5 / 275/70 R22,5
Wendekreis	24 m
Kraftstoff-/ Zusatztank	400 l
Heizöltank	100 l
Ad-Blue-Tank	55 l
Motoröl / Nachfüllbeh.	30 l / 20 l
Motor	DAF, Euro-5 Motor, PR 265 S2
Hubraum	9.186 cm^3
Leistung	266 kW (362 PS)
Getriebe	ZF 6-HP 604C (6-Gang)
Abgasnachbehandlung	SCR (AdBlue)

Ausrüstung	
Klimaanlage	Webasto
Fahrzeug-Elektronik	ABS / ASR
Türsystem	Elektro-pneumatisch
Tür 1, 3 und 4	Innenschwenktür
Tür 2	Außenschwenkschiebetür (Ventura)

2010-11-01

Serie 7801-7837

Die erste Gelenkbusserie des Jahres 2008 entsprach der letzten Serie aus dem Jahr 2007.

Busscheibe 90 – Wagen-Nr. 7801 – 7862 EvoBus

Stadt-Omnibus Typ – O 530 G

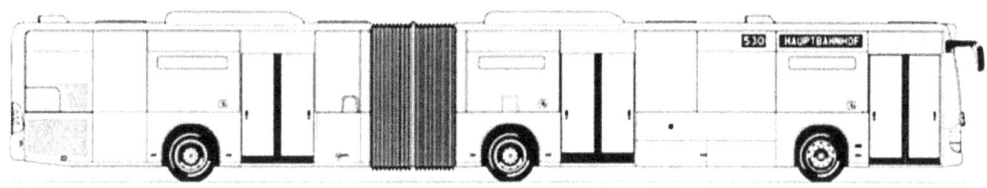

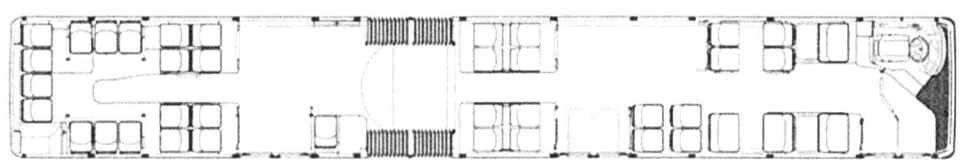

Allgemeine Daten

Baujahr	2008
Sitzplätze o. Fahrerplatz	39
Stehplätze	109
Gesamtplätze	148

Technische Daten

Eigengewicht	17.070 kg
Zul. Gesamtgewicht	28.000 kg
Zul. Achslast - Achse 1	7.245 kg
Zul. Achslast - Achse 2	10.000 kg
Zul. Achslast - Achse 3	11.500 kg
Zul. Achslast - Achse 4	-
Länge	17.940 mm
Breite	2.550 mm
Höhe	3.100 mm
Höchstgeschwindigkeit	85 km/h
Reifengröße	275/70 R22,5
Wendekreis	22,85 m
Kraftstoff-/ Zusatztank	150 l & 150 l / 100 l
Heizöltank	50 l
Ad-Blue-Tank	46 l
Motoröl / Nachfüllbeh.	33 l / 19,5 l
Kühlflüssigkeit	65 l
Motor	EvoBus, MB, EURO-5 Motor OM 457 (h)LA
Hubraum	11.967 cm^3
Leistung	220 kW (299 PS)
Getriebe	Voith D 864.3 (4-Gang) / ZF Ecomat, 6-HP 592 (6-Gang)
Abgasnachbehandlung	SCR (AdBlue)

Ausrüstung

Klimaanlage	Spheros
Fahrzeug-Elektronik	ABS, ASR, BS, ENR, ECAS, CPC, D-MUX
Türsystem	Pneumatische Innenschwenktür

2010-11-01

Serie 7838-7862

Die zweite Gelenkbus-Lieferserie des Jahres 2008 entsprach technisch der ersten. Neu war ab Wagen 7838 eine andere Blechaufteilung an den Seitenwänden, um bei Unfallschäden kostengünstiger einzelne Bleche austauschen zu können.

Wagen 7863

Besondere Erwähnung soll an dieser Stelle der Wagen 7863 finden.
Der Wagen wurde als Wagen 7851 im Jahre 2008 in der letzt genannten Serie geliefert.

Der Wagen hatte im Jahre 2011 einen schwere Unfall mit einem Feuerwehrfahrzeug in Hamburg-Tonndorf auf der Metrobuslinie 9.

Bei diesem Unfall, bei dem auch Tote zu beklagen waren, wurde der Vorderwagen total zerstört, der hintere Fahrzeugteil blieb soweit intakt.

Auf dieser Basis wurde von Evobus ein neuer Vorderwagen in der alten Form geliefert und mit dem vorhandenen Nachläufer verbunden.

Nachdem dass Fahrzeug zuerst wieder als 7851 geplant war, wurde es vor Inbetriebnahme in die neue Nummer 7863 umgezeichnet.

Busscheibe 90 – Wagen-Nr. 7801 – 7862 EvoBus

Stadt-Omnibus Typ – O 530 G

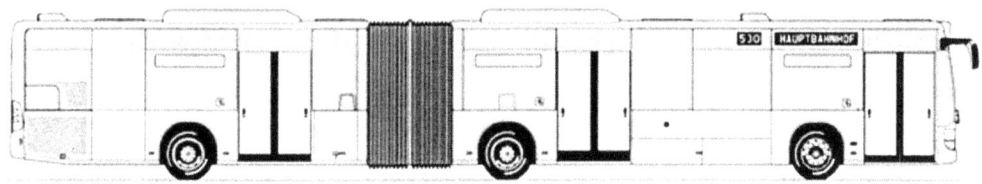

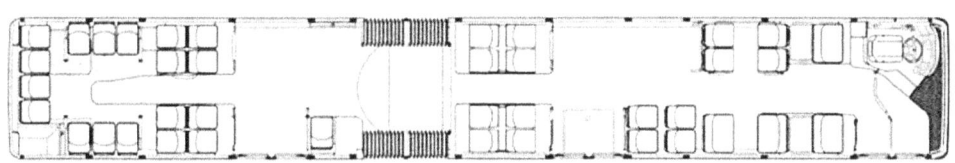

Allgemeine Daten
Baujahr	2008
Sitzplätze o. Fahrerplatz	39
Stehplätze	109
Gesamtplätze	148

Technische Daten
Eigengewicht	17.070 kg
Zul. Gesamtgewicht	28.000 kg
Zul. Achslast - Achse 1	7.245 kg
Zul. Achslast - Achse 2	10.000 kg
Zul. Achslast - Achse 3	11.500 kg
Zul. Achslast - Achse 4	-
Länge	17.940 mm
Breite	2.550 mm
Höhe	3.100 mm
Höchstgeschwindigkeit	85 km/h
Reifengröße	275/70 R22,5
Wendekreis	22,85 m
Kraftstoff-/ Zusatztank	150 l & 150 l / 100 l
Heizöltank	50 l
Ad-Blue-Tank	46 l
Motoröl / Nachfüllbeh.	33 l / 19,5 l
Kühlflüssigkeit	65 l
Motor	EvoBus, MB, EURO-5 Motor OM 457 (h)LA
Hubraum	11.967 cm^3
Leistung	220 kW (299 PS)
Getriebe	Voith D 864.3 (4-Gang) / ZF Ecomat, 6-HP 592 (6-Gang)
Abgasnachbehandlung	SCR (AdBlue)

Ausrüstung
Klimaanlage	Spheros
Fahrzeug-Elektronik	ABS, ASR,BS, ENR, ECAS, CPC, D-MUX
Türsystem	Pneumatische Innenschwenktür

2010-11-01

Serie 2801-2829

Die Stadtbusserie des Baujahres 2008 wurde in zwei Reihen ausgeliefert. Während der Fertigung wurde auch hier die Anordnung der Außenbeblechung geändert. Die Wagen 2801-2807 und 2809-2811 erhielten hierbei noch die alten durchgehenden Bleche, während 2808 und 2812-2829 bereits die neuen geteilten Bleche erhielten.
Ansonsten entsprechen die Wagen der Serie des Jahres 2007.

Busscheibe 38 – Wagen-Nr. 2801 – 2829 EvoBus

Stadt-Omnibus Typ – O 530

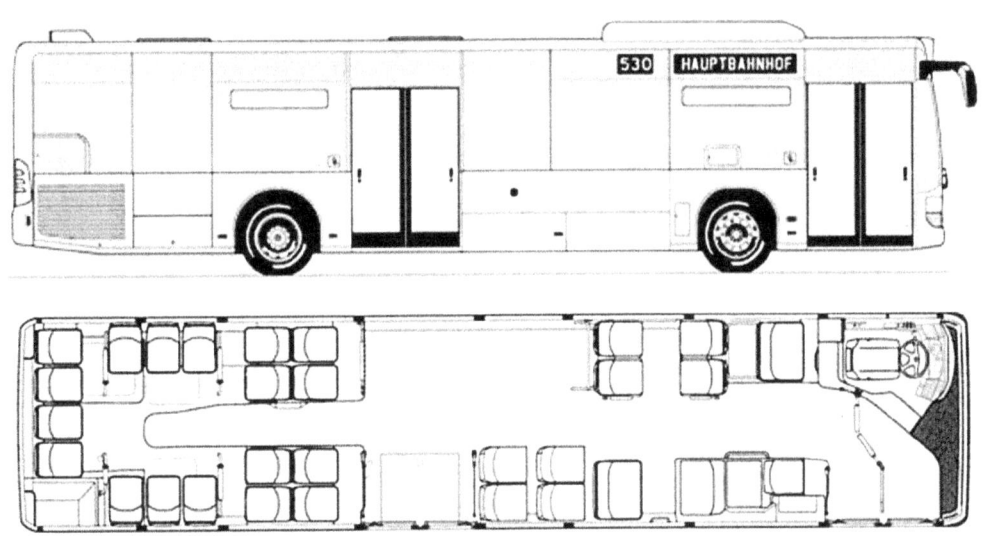

Allgemeine Daten		Getriebe	ZF Ecomat, 6 HP 502 (6-Gang) / Voith 854.3 (4-Gang)
Baujahr	2008		
Sitzplätze o. Fahrerplatz	30	Abgasnachbehandlung	SCR (AdBlue)
Stehplätze	67	**Ausrüstung**	
Gesamtplätze	97	Klimaanlage	Spheros
Technische Daten		Fahrzeug-Elektronik	ABS, ASR, BS, ENR, ECAS, CPC, D-MUX
Eigengewicht	11.240 kg	Türsystem	Pneumatische Innenschwenktür
Zul. Gesamtgewicht	18.000 kg		
Zul. Achslast - Achse 1	7.245 kg		
Zul. Achslast - Achse 2	11.500 kg		
Zul. Achslast - Achse 3	-		
Zul. Achslast - Achse 4	-		
Länge	12.000 mm		
Breite	2.550 mm		
Höhe	3.100 mm		
Höchstgeschwindigkeit	85 km/h		
Reifengröße	275/70 R22,5		
Wendekreis	21,03 m		
Kraftstoff-/ Zusatztank	180 l & 100 l		
Heizöltank	50 l		
Ad-Blue-Tank	38 l		
Motoröl / Nachfüllbeh.	25 l / 19,5 l		
Kühlflüssigkeit	50 l		
Motor	EvoBus, MB, EURO-5 Motor, OM 906 (h)LA		
Hubraum	6.374 cm³		
Leistung	210 kW (286 PS)		

 2010-11-01

Serie 7901-7925

Die Gelenkbus-Lieferserie des Jahres 2009 entsprachen in jeder Hinsicht der letzten Serie des Jahres 2008.
Einzige Ausnahme waren die als Bereitschaftswagen beschafften Wagen 7901 und 7902, die als einzige Fahrzeuge wieder Dachluken erhielten.

Busscheibe 91 – Wagen-Nr. 7901 – 7925 EvoBus

Stadt-Omnibus Typ – O 530 G

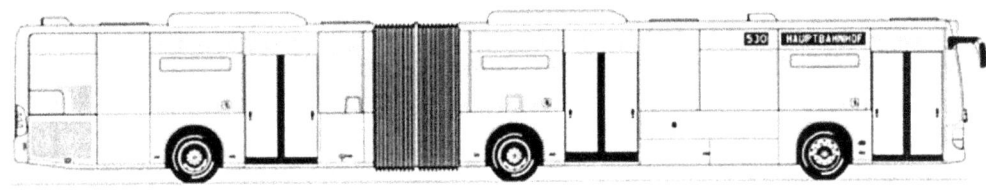

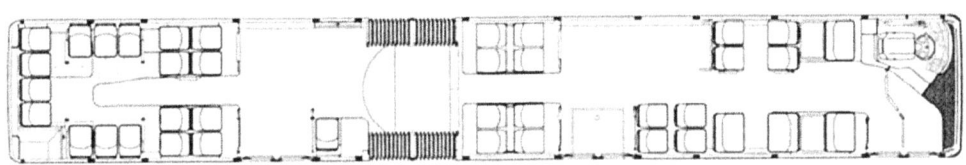

Allgemeine Daten	
Baujahr	2009
Sitzplätze o. Fahrerplatz	39
Stehplätze	109
Gesamtplätze	148
Technische Daten	
Eigengewicht	17.080 kg
Zul. Gesamtgewicht	28.000 kg
Zul. Achslast - Achse 1	7.245 kg
Zul. Achslast - Achse 2	10.000 kg
Zul. Achslast - Achse 3	11.500 kg
Zul. Achslast - Achse 4	-
Länge	17.940 mm
Breite	2.550 mm
Höhe	3.100 mm
Höchstgeschwindigkeit	85 km/h
Reifengröße	275/70 R22,5
Wendekreis	22,85 m
Kraftstoff-/ Zusatztank	150 l & 150 l / 100 l
Heizöltank	50 l
Ad-Blue-Tank	46 l
Motoröl / Nachfüllbeh.	33 l / 19,5 l
Kühlflüssigkeit	65 l
Motor	EvoBus, MB, EURO-5 Motor OM 457 (h)LA
Hubraum	11.967 cm^3
Leistung	220 kW (299 PS)
Getriebe	ZF Ecomat, 6-HP 592 (6-Gang) / Voith D 864.3 (4-Gang)
Abgasnachbehandlung	SCR (AdBlue)
Ausrüstung	
Klimaanlage	Spheros
Fahrzeug-Elektronik	ABS, ASR,BS, ENR, ECAS, CPC, D-MUX
Türsystem	Pneumatische Innenschwenktür

Serie 2901-2932

Die Stadtbus-Lieferserie des Jahres 2009 entsprachen in jeder Hinsicht der letzten Serie des Jahres 2008.
Einzige Ausnahme waren die als Bereitschaftswagen beschafften Wagen 2901-2903, die als einzige Fahrzeuge wieder Dachluken erhielten.

Busscheibe 39 –Wagen-Nr. 2901 – 2932 EvoBus

Stadt-Omnibus Typ – O 530

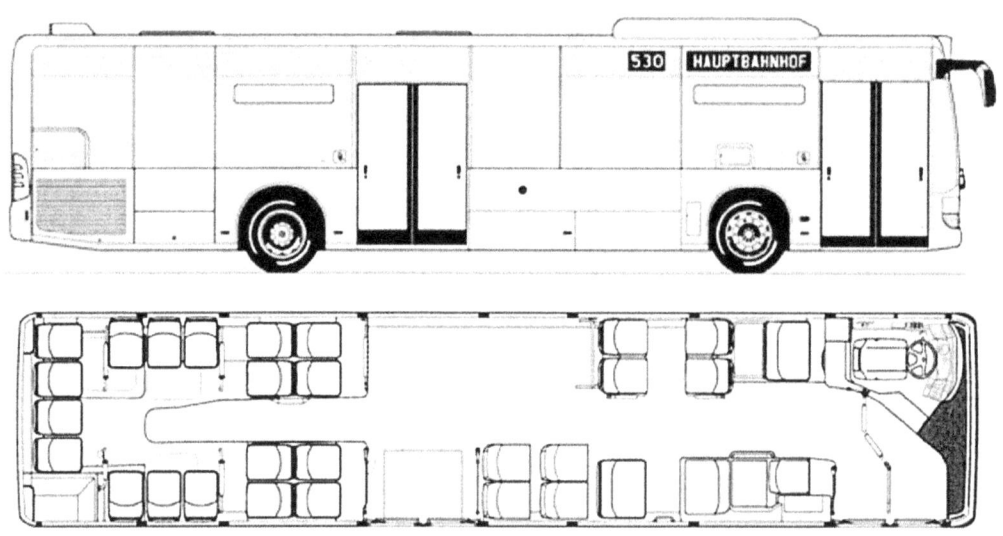

Allgemeine Daten			
Baujahr	2009	Getriebe	ZF Ecomat, 6 HP 502 (6-Gang)
Sitzplätze o. Fahrerplatz	30	Abgasnachbehandlung	SCR (AdBlue)
Stehplätze	68	**Ausrüstung**	
Gesamtplätze	98	Klimaanlage	Spheros
		Fahrzeug-Elektronik	ABS, ASR, BS, ENR, ECAS, CPC, D-MUX
Technische Daten		Türsystem	Pneumatische Innenschwenktür
Eigengewicht	11.290 kg		
Zul. Gesamtgewicht	18.000 kg		
Zul. Achslast - Achse 1	7.245 kg		
Zul. Achslast - Achse 2	11.500 kg		
Zul. Achslast - Achse 3	-		
Zul. Achslast - Achse 4	-		
Länge	12.000 mm		
Breite	2.550 mm		
Höhe	3.100 mm		
Höchstgeschwindigkeit	85 km/h		
Reifengröße	275/70 R22,5		
Wendekreis	21,03 m		
Kraftstoff-/ Zusatztank	180 l & 100 l		
Heizöltank	50 l		
Ad-Blue-Tank	38 l		
Motoröl / Nachfüllbeh.	25 l / 19,5 l		
Kühlflüssigkeit	50 l		
Motor	EvoBus, MB, EURO-5 Motor, OM 906 (h)LA		
Hubraum	6.374 cm³		
Leistung	210 kW (286 PS)		

Serie 6901-6934

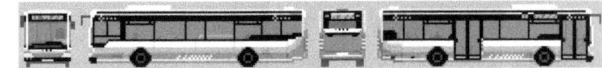

Im Jahre 2009 beschaffte die Hochbahn nach fünf Jahren die erste größere Schnellbus-Serie, um die 65er O405N1 des Baujahres 1994 abzulösen. Es handelte sich um Fahrzeuge in Standardlänge mit Überlandfront, Teppichboden an den Seitenwänden und bequemeren Sitzpolstern.
Die Lackierung entspricht der der Schnellbusse des Jahres 2004.

Busscheibe 40 – Wagen-Nr. 6901 – 6934 EvoBus

Stadt-Omnibus Typ – O 530

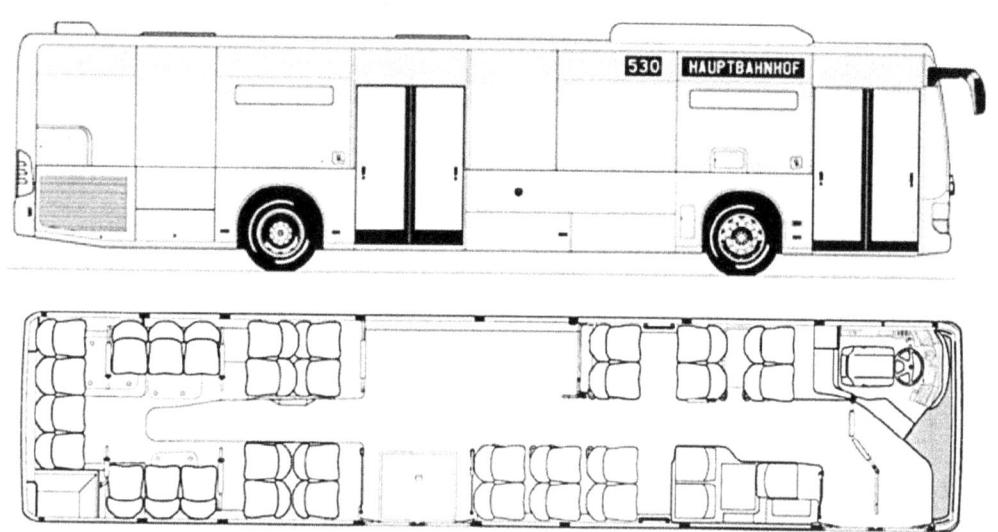

Allgemeine Daten

Baujahr	2009
Sitzplätze o. Fahrerplatz	35
Stehplätze	61
Gesamtplätze	96

Technische Daten

Eigengewicht	11.470 kg
Zul. Gesamtgewicht	18.000 kg
Zul. Achslast - Achse 1	7.245 kg
Zul. Achslast - Achse 2	11.500 kg
Zul. Achslast - Achse 3	-
Zul. Achslast - Achse 4	-
Länge	12.000 mm
Breite	2.550 mm
Höhe	3.100 mm
Höchstgeschwindigkeit	85 km/h
Reifengröße	275/70 R22,5
Wendekreis	21,03 m
Kraftstoff-/ Zusatztank	180 l & 100 l
Heizöltank	50 l
Ad-Blue-Tank	38 l
Motoröl / Nachfüllbeh.	25 l / 19,5 l
Kühlflüssigkeit	50 l
Motor	EvoBus, MB, EURO-5 Motor, OM 906 (h)LA
Hubraum	6.374 cm³
Leistung	210 kW (286 PS)
Getriebe	ZF Ecomat, 6 HP 502 (6-Gang)
Abgasnachbehandlung	SCR (AdBlue)

Ausrüstung

Klimaanlage	Spheros
Fahrzeug-Elektronik	ABS, ASR, BS, ENR, ECAS, CPC, D-MUX
Türsystem	Pneumatische Innenschwenktür

Serie 7051-7052

Als Testfahrzeuge bestellte die Hochbahn im Jahr zehn Gelenkbusse mit seriellem Hybridantrieb, die über einen elektrischen Radnabenmotor angetrieben wurden. Zusätzliche erhielten diese Fahrzeuge einen Hilfsdieselmotor. Einzelne Fahrabschnitte können von nun an rein elektrisch zurück gelegt werden, der Motor unterstützt die Batterieladung und springt ebenfalls an, wenn die Batterien nicht genug Leistung für die Motoren erbringen. Aufgrund technischer Hindernisse kamen im Jahr 2010 nur zwei Fahrzeuge zur Auslieferung.

Die Fahrzeuge verfügen über polierte Edelstahlgriffstangen und dunkelrote Polster, die in den Hamburger U-Bahnwagen Typ DT5 ebenfalls Verwendung fanden.

Busscheibe 93 – Wagen-Nr. 7051 – 7052 EvoBus

Stadt-Omnibus Typ – O 530 Dieselhybrid

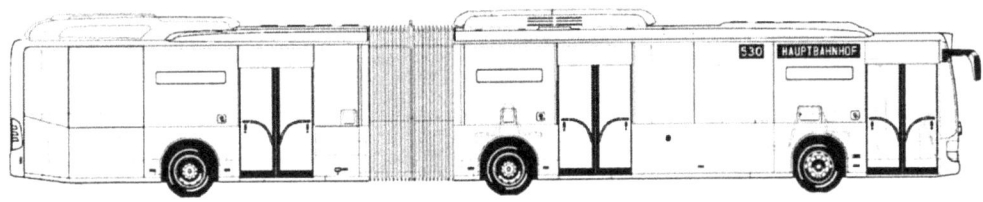

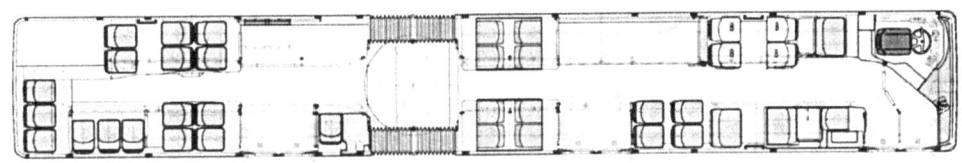

Allgemeine Daten

Baujahr	2010
Sitzplätze o. Fahrerplatz	37
Stehplätze	97
Gesamtplätze	134

Technische Daten

Eigengewicht	18.820 kg
Zul. Gesamtgewicht	28.000 kg
Zul. Achslast - Achse 1	7.245 kg
Zul. Achslast - Achse 2	10.000 kg
Zul. Achslast - Achse 3	11.500 kg
Zul. Achslast - Achse 4	-
Länge	17.940 mm
Breite	2.550 mm
Höhe	3.340 mm
Höchstgeschwindigkeit	75 km/h
Reifengröße	275/70R 22,5
Wendekreis	22,85 m
Kraftstoff-/ Zusatztank	180 l & 100 l / 50 l
Heizöltank	150 l
Ad-Blue-Tank	46 l
Motoröl / Nachfüllbeh.	25 l / 19,5 l
Kühlflüssigkeit	210 l
Motoren	EvoBus, MB, OM 924 LA, EEV Leistung: 160 kW (217 PS)

	4 elektr. Fahrmotoren (Radnabenmotoren) Dauerleistung je Motor: 60 kW (82 PS)
Hubraum	4,8 l
Abgasnachbehandlung	AdBlue

Ausrüstung

Klimaanlage	Konvekta
Fahrzeug-Elektronik	ABS, ASR, BS, ENR, ECAS, CPC, D-MUX, FPS 7, PG, PCU, DICO / FE
Türsystem	Elektrische Innenschwenktür

2010-11-01

Serie 1001-1038

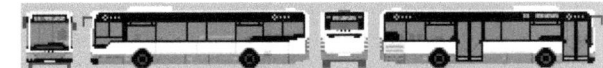

Die Stadtbus-Lieferserie des Jahres 2010 unterscheidet sich innerhalb der Serie. Die Wagen 1001-1015 entsprechen den letzten Wagen des Jahres 2009.
Ab Wagen 1016 wurden erstmals neue Sitzpolster bei der Hochbahn eingebaut. Die Fahrzeuge erhielten leuchtend rote Sitzpolster mit silbergrauen Applikationen ohne Eigentumsmerkmale.
Wagen 1038 erhielt passend zu den Sitzpolstern Deckenstreifen in der gleichen Farbe.

Busscheibe 41 – Wagen-Nr. 1001 – 1038 EvoBus

Stadt-Omnibus Typ – O 530

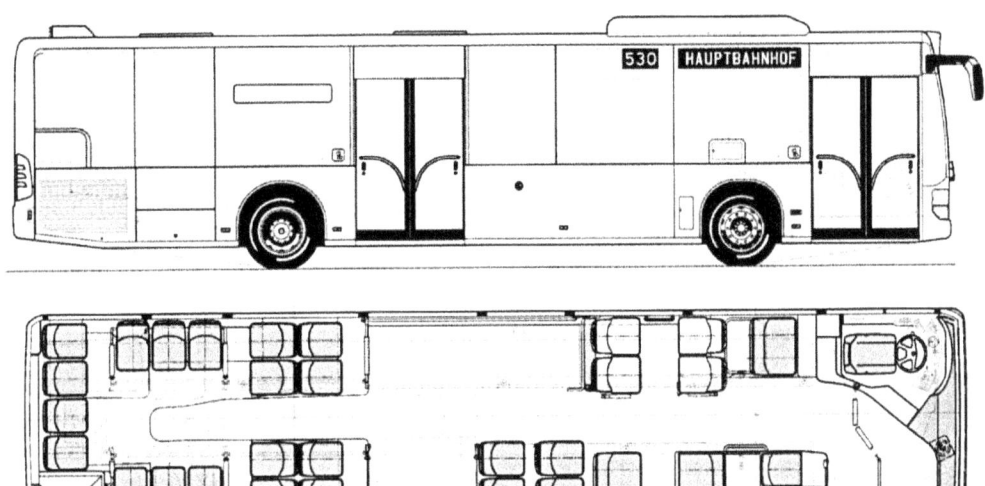

Allgemeine Daten	
Baujahr	2010
Sitzplätze o. Fahrerplatz	30
Stehplätze	68
Gesamtplätze	98
Technische Daten	
Eigengewicht	11.314 kg
Zul. Gesamtgewicht	18.000 kg
Zul. Achslast - Achse 1	7.245 kg
Zul. Achslast - Achse 2	11.500 kg
Zul. Achslast - Achse 3	-
Zul. Achslast - Achse 4	-
Länge	11.950 mm
Breite	2.550 mm
Höhe	3.400 mm
Höchstgeschwindigkeit	80 km/h
Reifengröße	275/70 R22,5
Wendekreis	21,03 m
Kraftstoff-/ Zusatztank	180 l & 100 l
Heizöltank	50 l
Ad-Blue-Tank	38 l
Motoröl / Nachfüllbeh.	25 l / 19,5 l
Kühlflüssigkeit	50 l
Motor	EvoBus, MB, EURO-5 Motor, OM 906 (h)LA
Hubraum	6.374 cm³
Leistung	210 kW (286 PS)
Getriebe	ZF Ecolife, 6-AP 1200 (6-Gang) / Voith D 854.5 (4-Gang)
Abgasnachbehandlung	SCR (AdBlue)
Ausrüstung	
Klimaanlage	Spheros
Fahrzeug-Elektronik	ABS, ASR, BS, ENR, ECAS, CPC, D-MUX
Türsystem	Pneumatische Innenschwenktür

2010-11-01

Serie 6001-6029

Die Schnellbuslieferung des Jahres 2010 entsprach in jeder Hinsicht der Lieferung des Vorjahres. Die letzten vier Fahrzeuge 6026-6029 erhielten auch hier bereits die neuen roten Polster.

Busscheibe 42 –Wagen-Nr. 6001 – 6029 EvoBus

Stadt-Omnibus Typ – O 530 MÜ

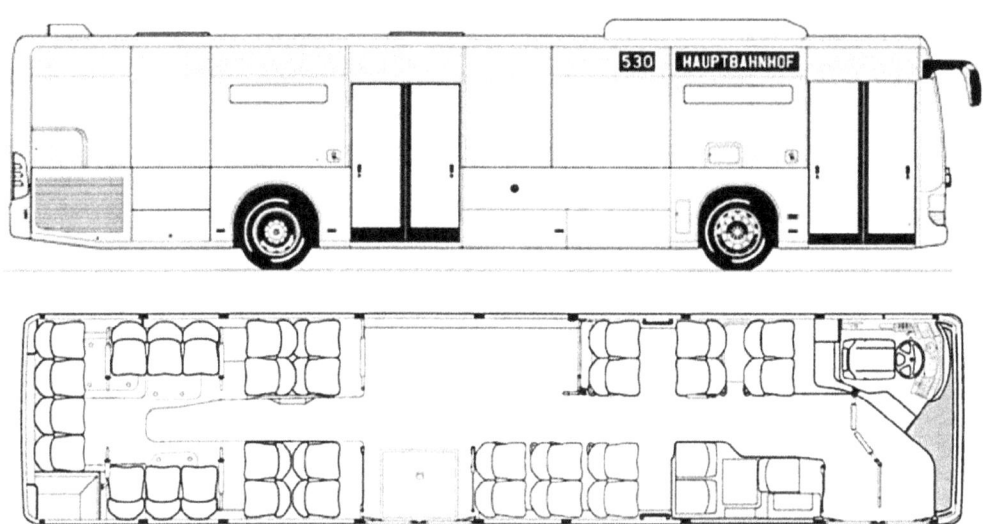

Allgemeine Daten
Baujahr	2010
Sitzplätze o. Fahrerplatz	33
Stehplätze	64
Gesamtplätze	97

Technische Daten
Eigengewicht	11.334 kg
Zul. Gesamtgewicht	18.000 kg
Zul. Achslast - Achse 1	7.245 kg
Zul. Achslast - Achse 2	11.500 kg
Zul. Achslast - Achse 3	-
Zul. Achslast - Achse 4	-
Länge	11.950 mm
Breite	2.550 mm
Höhe	3.400 mm
Höchstgeschwindigkeit	85 km/h
Reifengröße	275/70 R22,5
Wendekreis	21,03 m
Kraftstoff-/ Zusatztank	180 l & 100 l
Heizöltank	50 l
Ad-Blue-Tank	38 l
Motoröl / Nachfüllbeh.	25 l / 19,5 l
Kühlflüssigkeit	50 l
Motor	EvoBus, MB, EURO-5 Motor, OM 906 (h)LA
Hubraum	6.374 cm³
Leistung	210 kW (286 PS)

Getriebe	ZF Ecolife, 6-AP 1200 (6-Gang)
Abgasnachbehandlung	SCR (AdBlue)

Ausrüstung
Klimaanlage	Spheros
Fahrzeug-Elektronik	ABS, ASR, BS, ENR, ECAS, CPC, D-MUX
Türsystem	Pneumatische Innenschwenktür

2010-11-01

Serie 6030-6031

Zusätzlich zu den 29 anderen Schnellbussen beschaffte die Hochbahn zwei Citaro Low Entry von Evobus. Diese zwei Testwagen entsprechen der letzten weiteren Ausstattung, verfügen allerdings über einen erhöhten Sitzbereich im Heck, der über Stufen erreichbar ist.

Busscheibe 43 – Wagen-Nr. 6030 – 6031 EvoBus

Stadt-Omnibus Typ – O 530 LE

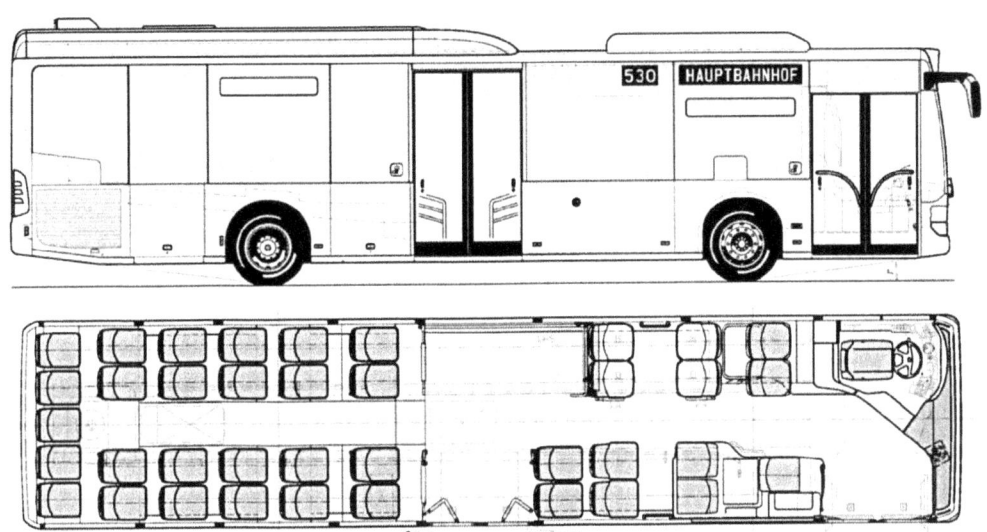

Allgemeine Daten	
Baujahr	2010
Sitzplätze o. Fahrerplatz	38
Stehplätze	53
Gesamtplätze	91

Technische Daten	
Eigengewicht	11.804 kg
Zul. Gesamtgewicht	18.000 kg
Zul. Achslast - Achse 1	7.245 kg
Zul. Achslast - Achse 2	11.500 kg
Zul. Achslast - Achse 3	-
Zul. Achslast - Achse 4	-
Länge	12.040 mm
Breite	2.550 mm
Höhe	3.400 mm
Höchstgeschwindigkeit	85 km/h
Reifengröße	275/70 R22,5
Wendekreis	21,53 m
Kraftstoff-/ Zusatztank	280 l
Heizöltank	50 l
Ad-Blue-Tank	46 l
Motoröl / Nachfüllbeh.	33 l / 19,5 l
Kühlflüssigkeit	65 l
Motor	EvoBus, MB, EURO-5 Motor OM 457 (h)LA
Hubraum	11.967 cm^3
Leistung	220 kW (299 PS)
Getriebe	ZF Ecolife, 6-AP 1400 (6-Gang) / Voith D 864.5 (4-Gang)
Abgasnachbehandlung	SCR (AdBlue)

Ausrüstung	
Klimaanlage	Spheros
Fahrzeug-Elektronik	ABS, ASR,BS, ENR, ECAS, CPC, D-MUX
Türsystem	Pneumatische Innenschwenktür

2010-11-01

Serie 1101-1119

Die Stadtbus-Beschaffungsserie des Jahres 2011 entsprach in ihrer Ausführung der des Vorjahres. Aufgrund einer Gesetzesänderung wurden die vier zuletzt gelieferten Wagen bereits mit dem neuen vorgeschriebenen Tagfahrlicht ausgestattet. Dieses waren aufgrund einer nicht korrekten Lieferreihenfolge die Wagen 1114-1117.

Busscheibe 44 – Wagen-Nr. 1101 – 1119 EvoBus

Stadt-Omnibus Typ – O 530

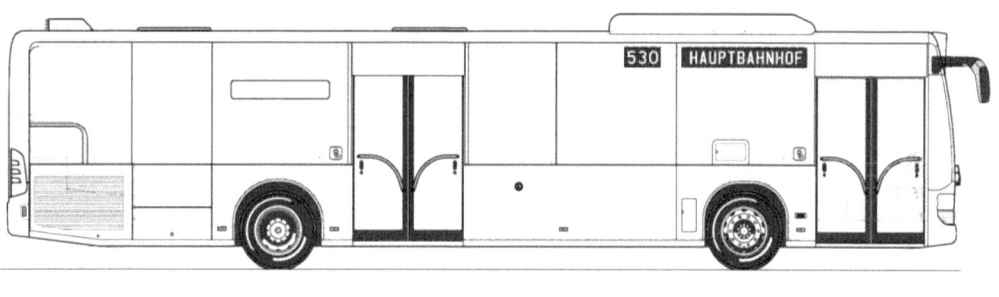

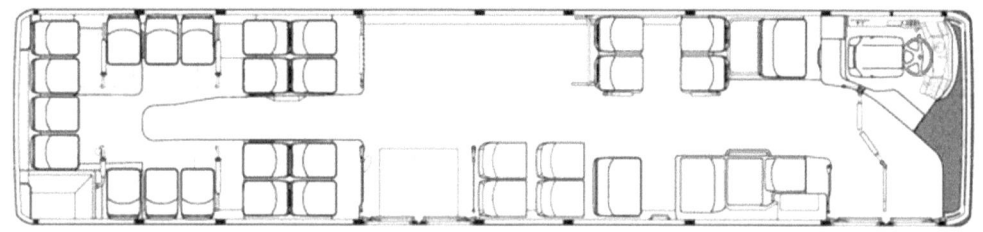

Allgemeine Daten

Baujahr	2011
Sitzplätze o. Fahrerplatz	30
Stehplätze	69
Gesamtplätze	99

Technische Daten

Eigengewicht	11.265 kg
Zul. Gesamtgewicht	18.000 kg
Zul. Achslast - Achse 1	7.245 kg
Zul. Achslast - Achse 2	11.500 kg
Zul. Achslast - Achse 3	-
Zul. Achslast - Achse 4	-
Länge	11.950 mm
Breite	2.550 mm
Höhe	3.400 mm
Höchstgeschwindigkeit	80 km/h
Reifengröße	275/70 R22,5
Wendekreis	21,03 m
Kraftstoff-/ Zusatztank	180 l & 100 l
Heizöltank	50 l
Ad-Blue-Tank	38 l
Motoröl / Nachfüllbeh.	25 l / 19,5 l
Kühlflüssigkeit	50 l
Motor	EvoBus, MB, EURO-5 Motor, OM 906 (h)LA
Hubraum	6.374 cm³
Leistung	210 kW (286 PS)

Getriebe	ZF Ecolife, 6-AP 1200 (6-Gang) / Voith D 854.5 (4-Gang)
Abgasnachbehandlung	SCR (AdBlue)

Ausrüstung

Klimaanlage	Spheros
Fahrzeug-Elektronik	ABS, ASR, BS, ENR, CPC, D-MUX
Türsystem	Pneumatische Innenschwenktür

Serie 1141-1144

Nachdem der Test mit den ersten Wasserstoffbussen abgeschlossen war, beschaffte die Hochbahn im Jahr 2011 vier neue Wasserstoffbusse einer neuen Generation. Abweichend zu den ersten haben diese Fahrzeuge Radnabenmotoren anstelle der üblichen Motor/Getriebe-Kombination. Die Bremsenergie wird in die Batterien zurückgespeist.
Die Fahrzeuge verfügen über grüne Sitzpolster und einen grünen Fußboden. Die Griffstangen entsprechen den Hybrid-Gelenkbussen von Evobus.

Busscheibe 46 – Wagen-Nr. 1141 – 1144 EvoBus

Stadt-Omnibus Typ – O 530 BH

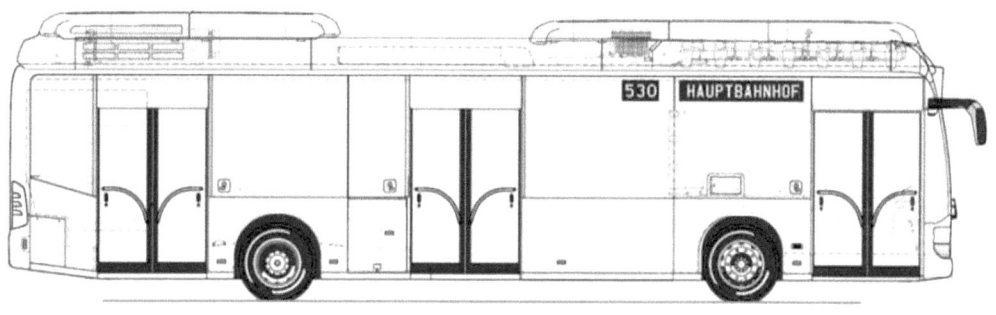

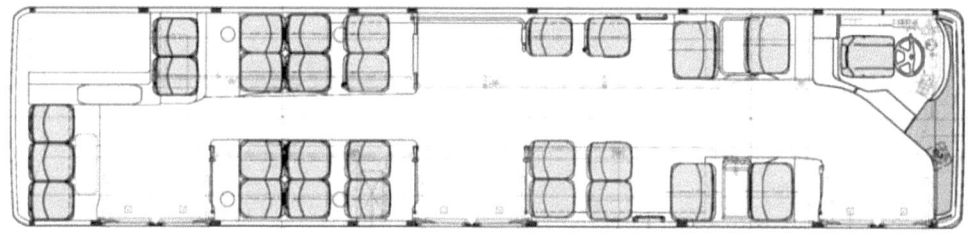

Allgemeine Daten

Baujahr	2011
Sitzplätze o. Fahrerplatz	27
Stehplätze	42
Gesamtplätze	69

Technische Daten

Eigengewicht	13.300 kg
Zul. Gesamtgewicht	18.000 kg
Zul. Achslast - Achse 1	7.245 kg
Zul. Achslast - Achse 2	12.000 kg
Zul. Achslast - Achse 3	-
Zul. Achslast - Achse 4	-
Länge	11.950 mm
Breite	2.550 mm
Höhe (inkl. Dachaufbauten)	3.500 mm
Höchstgeschwindigkeit	80 km/h
Reifengröße	275/70 R 22,5
Wendekreis	21,03 m
Tankinhalt (G H_2, 350 Bar)	1.435 l
Heizöltank	-
Ad-Blue-Tank	-
Motoröl/Nachfüllbeh.	-
Kühlflüssigkeit	-
Motor	2 elektr. Fahrmotoren (Radnabenmotoren) ZF Antriebsachse AVE_130
Leistung	Dauerleistung elektr. je Motor: 60 kW (82 PS)

Brennstoffzellensystem

Wasserstoffbetriebene Brennstoffzellen
Dauerleistung elektr. 120 kW

Wasserstoffsystem

Systemdruck	350 bar
Gesamtkapazität	35 kg
Anzahl Wasserstoff-druckflaschen je 205 l	7
Volumen	

Hybridsystem

Hybridantriebssystem mit Hochvolt-Zwischenkreis bei ca. 700 V Gleichspannung
Li-Ion Batterie mit 26 kWh Energieinhalt
Dauerleistung 160 kW

Ausrüstung

Klimaanlage	Konvekta
Türsystem	Pneumatische Innenschwenktür
Weiteres	Digitaler Tachograph/DTCO (Fahrtenschreiber)

Serie 1181-1184

Als Probefahrzeuge beschaffte die Hochbahn im Jahre 2011 vier Fahrzeuge des neuen Typs Citaro O530 II, kurz C2 genannt. Diese Fahrzeuge verfügten noch über den alten Euro 5 Motor.
Die Fahrzeuge wurden äußerlich wie auch innerlich komplett überarbeitet. Viele Details wurden verändert. Es kam ein neues Cockpit zum Einbau, die Kabinentür für den Fahrer öffnet von nun an als Fluchttür nach vorne und nicht mehr nach hinten.

Busscheibe 50 – Wagen-Nr. 1381 – 1383 EvoBus

Stadt-Omnibus Typ – O 530 (C2 EURO 6)

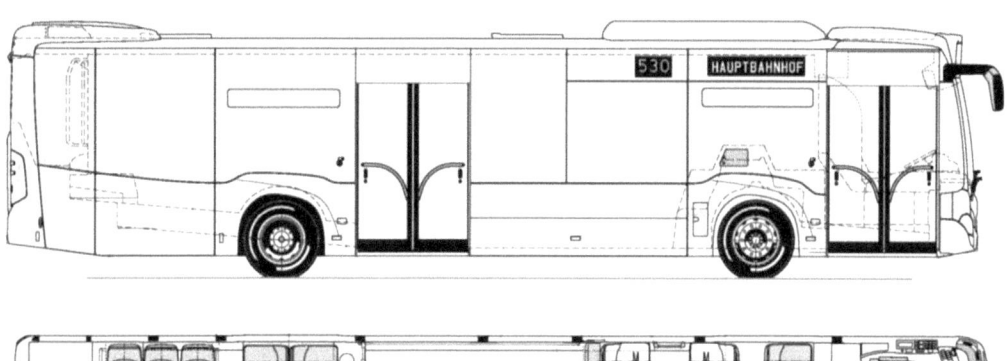

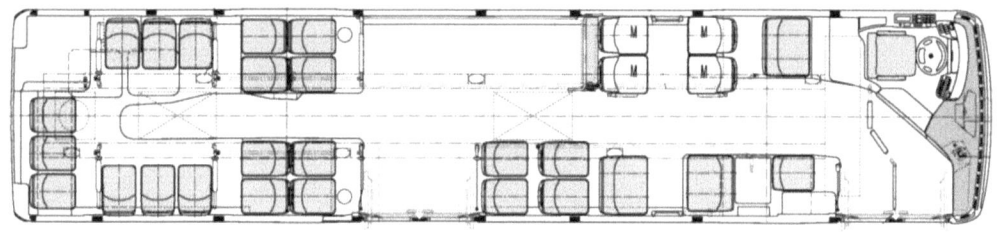

Allgemeine Daten

Baujahr	2013
Sitzplätze o. Fahrerplatz	30
Stehplätze	74
Gesamtplätze	104

Technische Daten

Eigengewicht	11.315 kg
Zul. Gesamtgewicht	18.000 kg
Zul. Achslast - Achse 1	7.245 kg
Zul. Achslast - Achse 2	11.500 kg
Zul. Achslast - Achse 3	-
Zul. Achslast - Achse 4	-
Länge	12.135 mm
Breite	2.550 mm
Höhe	3.400 mm
Höchstgeschwindigkeit	85 km/h
Reifengröße	275/70 R22,5
Wendekreis	21,214 m
Kraftstoff-/ Zusatztank	ca. 180 l & 100 l
Heizöltank	ca. 50 l
Ad-Blue-Tank	ca. 38 l
Motoröl / Nachfüllbeh.	ca. 25 l / 19,5 l
Kühlflüssigkeit	ca. 50 l
Motor	EvoBus, MB, EURO-6 Motor, OM 936
Hubraum	7.700 cm³
Leistung	220 kW (299 PS)
Getriebe	ZF Ecolife AP (6-Gang)
Abgasnachbehandlung	SCR (AdBlue)

Ausrüstung

Klimaanlage	Spheros
Fahrzeug-Elektronik	ABS, ASR, BS, ENR, CPC, D-MUX
Türsystem	Pneumatische Innenschwenktür
Sonstiges	Dachluken, Rote Stoßstange

Serie 6101-6102

Im Jahre 2011 beschaffte die Hochbahn zwei weitere Schnellbusse, die vollkommen identisch zu der Serie des Jahres 2010 war.

Busscheibe 47 – Wagen-Nr. 6101 – 6102 EvoBus

Stadt-Omnibus Typ – O 530 Ü

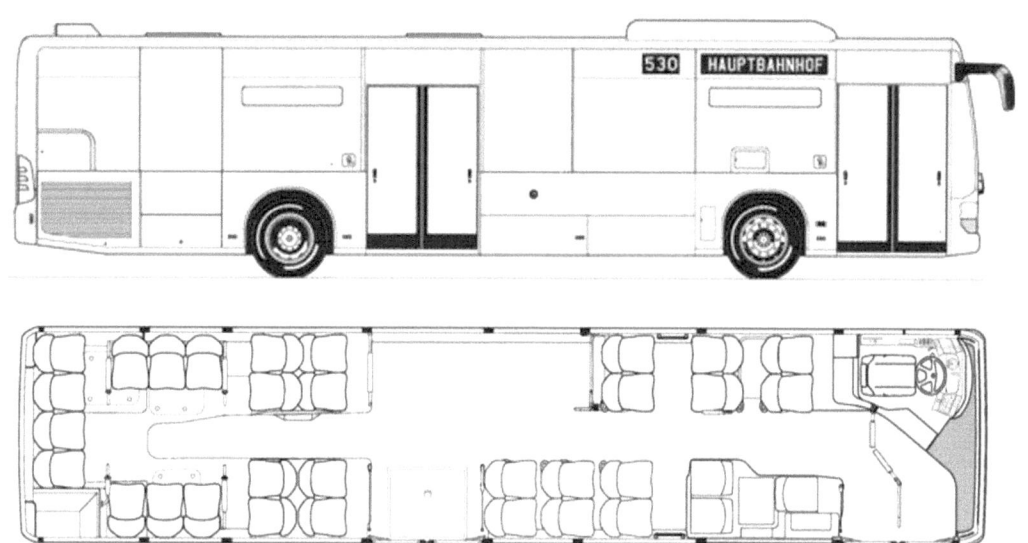

Allgemeine Daten

Baujahr	2011
Sitzplätze o. Fahrerplatz	33
Stehplätze	65
Gesamtplätze	98

Technische Daten

Eigengewicht	11.295 kg
Zul. Gesamtgewicht	18.000 kg
Zul. Achslast - Achse 1	7.245 kg
Zul. Achslast - Achse 2	11.500 kg
Zul. Achslast - Achse 3	-
Zul. Achslast - Achse 4	-
Länge	11.950 mm
Breite	2.550 mm
Höhe	3.400 mm
Höchstgeschwindigkeit	85 km/h
Reifengröße	275/70 R22,5
Wendekreis	21,03 m
Kraftstoff-/ Zusatztank	180 l & 100 l
Heizöltank	50 l
Ad-Blue-Tank	38 l
Motoröl / Nachfüllbeh.	25 l / 19,5 l
Kühlflüssigkeit	50 l
Motor	EvoBus, MB, EURO-5 Motor, OM 906 (h)LA
Hubraum	6.374 cm³
Leistung	210 kW (286 PS)
Getriebe	ZF Ecolife, AP 1200 (6-Gang)
Abgasnachbehandlung	SCR (AdBlue)

Ausrüstung

Klimaanlage	Spheros
Fahrzeug-Elektronik	ABS, ASR, BS, ENR, CPC, D-MUX
Türsystem	Pneumatische Innenschwenktür

Serie 7101-7102

Die beiden Dieselgelenkbusse des Baujahres 2011 entsprechen der Lieferung des Vorjahres mit der Ausnahme, dass dies die ersten Gelenkbusse mit den neuen roten Sitzpolstern anstelle der bisherigen Hochbahn-Polster waren.

Busscheibe 95 – Wagen-Nr. 7101 – 7102 EvoBus

Stadt-Omnibus Typ – O 530 G

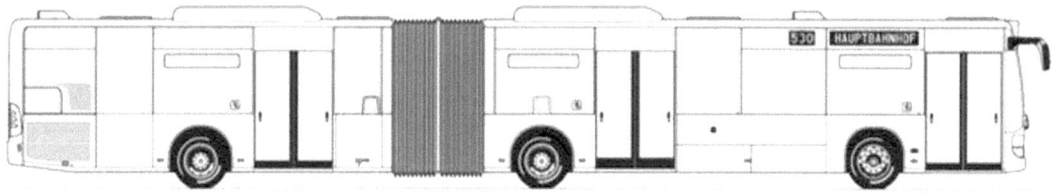

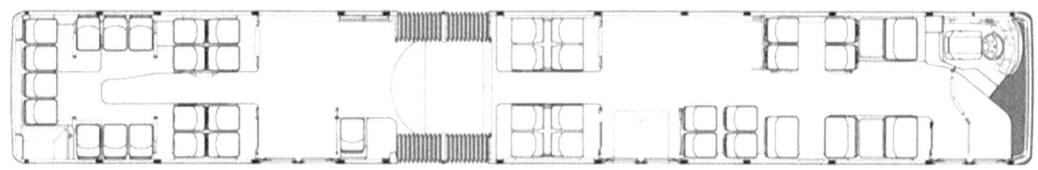

Allgemeine Daten

Baujahr	2011
Sitzplätze o. Fahrerplatz	39
Stehplätze	108
Gesamtplätze	147

Technische Daten

Eigengewicht	16.905 kg
Zul. Gesamtgewicht	28.000 kg
Zul. Achslast - Achse 1	7.245 kg
Zul. Achslast - Achse 2	10.000 kg
Zul. Achslast - Achse 3	11.500 kg
Zul. Achslast - Achse 4	-
Länge	17.940 mm
Breite	2.550 mm
Höhe	3.400 mm
Höchstgeschwindigkeit	85 km/h
Reifengröße	275/70 R22,5
Wendekreis	22,85 m
Kraftstoff-/ Zusatztank	150 l & 150 l / 100 l
Heizöltank	50 l
Ad-Blue-Tank	46 l
Motoröl / Nachfüllbeh.	33 l / 19,5 l
Kühlflüssigkeit	65 l
Motor	EvoBus, MB, EURO-5 Motor OM 457 (h)LA
Hubraum	11.967 cm^3
Leistung	220 kW (299 PS)
Getriebe	Voith D 864.5 (4-Gang)
Abgasnachbehandlung	SCR (AdBlue)

Ausrüstung

Klimaanlage	Spheros
Fahrzeug-Elektronik	ABS, ASR,BS, ENR, CPC, D-MUX
Türsystem	Pneumatische Innenschwenktür

Serie 7151-7153

Nachdem von zehn im Vorjahr bestellten Hybrid-Gelenkbussen nur zwei geliefert wurden, kamen im Jahr 2011 drei weitere zur Hochbahn. Hatten die beiden Busse des Vorjahres noch Chrome-Felgen, so erhielten diese normale schwarze Felgen. Im Innenraum wurden anstelle der weinroten Polster jetzt die normalen hellroten Polster verbaut.
Die weiteren fünf bestellten Fahrzeuge wurden nie geliefert.

Busscheibe 94 – Wagen-Nr. 7151 – 7153 EvoBus

Stadt-Omnibus Typ – O 530 G Dieselhybrid

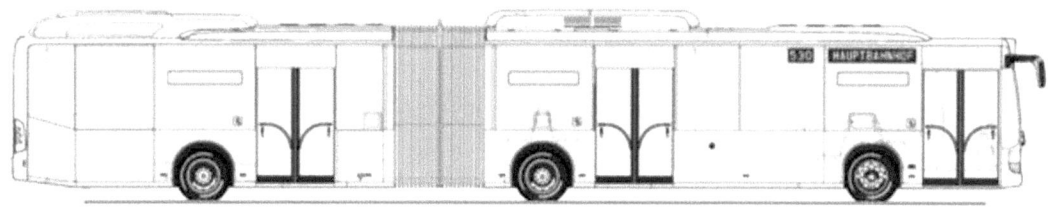

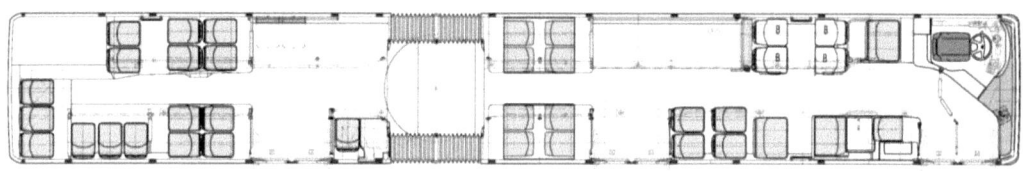

Allgemeine Daten

Baujahr	2010
Sitzplätze o. Fahrerplatz	37
Stehplätze	97
Gesamtplätze	134

Technische Daten

Eigengewicht	18.820 kg
Zul. Gesamtgewicht	28.000 kg
Zul. Achslast - Achse 1	7.245 kg
Zul. Achslast - Achse 2	10.000 kg
Zul. Achslast - Achse 3	11.500 kg
Zul. Achslast - Achse 4	-
Länge	17.940 mm
Breite	2.550 mm
Höhe	3.340 mm
Höchstgeschwindigkeit	75 km/h
Reifengröße	275/70R 22,5
Wendekreis	22,85 m
Kraftstoff-/ Zusatztank	180 l & 100 l / 50 l
Heizöltank	150 l
Ad-Blue-Tank	46 l
Motoröl / Nachfüllbeh.	25 l / 19,5 l
Kühlflüssigkeit	210 l
Motoren	EvoBus, MB, EEV, OM 924 LA
Hubraum	4.800 cm³
Abgasnachbehandlung	AdBlue
Leistung	160 kW (217 PS) 2 x ZF Antriebsachse AVE_130 4 elektr. Fahrmotoren (Radnabenmotoren) Dauerleistung je Motor: 60 kW (82 PS)

Hybridsystem

Hybridantriebssystem mit Hochvolt-Zwischenkreis bei ca. 700 V Gleichspannung
Li-Ionen Batterie mit 26 kWh Energieinhalt

Dauerleistung	160 kW

Ausrüstung

Klimaanlage	Konvekta
Fahrzeug-Elektronik	ABS, ASR, BS, ENR, CPC, D-MUX, FPS 7, PG, PCU, DICO / FE
Türsystem	Pneumatische Innenschwenktür
Weiteres	Digitaler Tachograph / DTCO (Fahrtenschreiber)

Serie 9201-9202

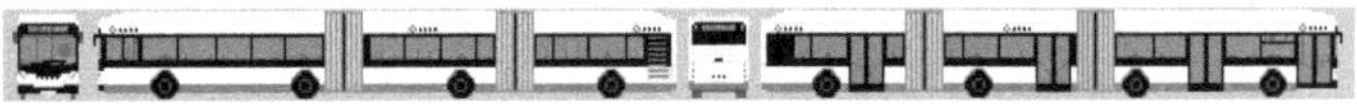

Nach der Erprobung eines Testfahrzeuges beschaffte die Hochbahn im Jahre 2012 von der Schweizer Firma Hess zwei Doppelgelenkbusse mit Dieselhybridtechnik.

Trotz einer ausgesprochen guten Verarbeitung, erwiesen sich die beiden Fahrzeuge leider von der Technik her als sehr störanfällig. Nach Ablauf der Testphase wurden die Wagen im Jahre 2015 an den Hersteller zurück gegeben und verkehren inzwischen im Iran.

Busscheibe 96 – Wagen-Nr. 9201 – 9202 HESS

Stadt-Omnibus Typ – Lighttram 3 Hybrid

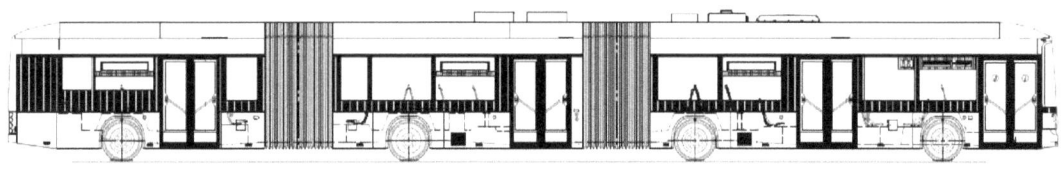

Allgemeine Daten

Baujahr	2012
Sitzplätze o. Fahrerplatz	50
Stehplätze	131
Gesamtplätze	181

Technische Daten

Eigengewicht	25.360 kg
Zul. Gesamtgewicht	39.000 kg
Zul. Achslast - Achse 1	7.500 kg
Zul. Achslast - Achse 2	13.000 kg
Zul. Achslast - Achse 3	13.000 kg
Zul. Achslast - Achse 4	9.000 kg
Länge	24.664 mm
Breite	2.550 mm
Höhe	3.372 mm
Höchstgeschwindigkeit	80 km/h
Reifengröße	275 / 70 R 22,5
	385 / 55 R 22,5
Wendekreis	24.000 mm
Kraftstoff-/ Zusatztank	300 l
Heizöltank	250 l
Ad-Blue-Tank	Vorhanden
Motoröl / Nachfüllbeh.	Firma Groeneveld
Kühlflüssigkeit	Vorhanden
Motor	Cummins ISL 8.9 E 5
Hubraum	8.900 cm^3

Leistung	250 kW (340 PS)
Abgasnachbehandlung	SCR-System

Ausrüstung

Klimaanlage	Thermo King
Fahrzeug-Elektronik	Hybrid-System der Firma Vossloh-Kiepe / ABS / ASR / ECAS / Thoreb
Türsystem	FBT, pneumatische Innenschwenktür

Serie 1201-1205

Die ersten fünf Stadtbusse des Baujahres 2012 entsprachen den Wagen 1114-1117 der letzten Serie.

Busscheibe 48 – Wagen-Nr. 1201 – 1205 EvoBus

Stadt-Omnibus Typ – O 530

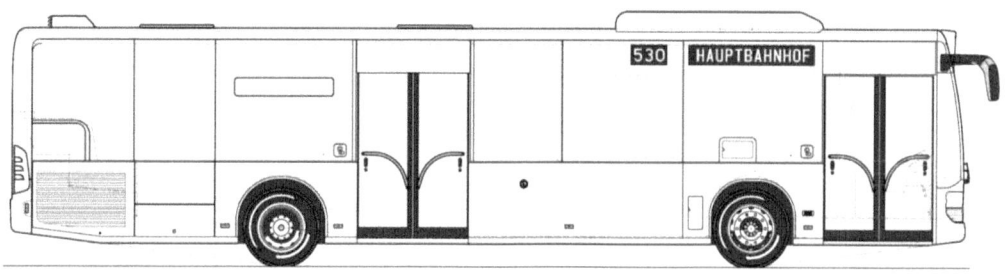

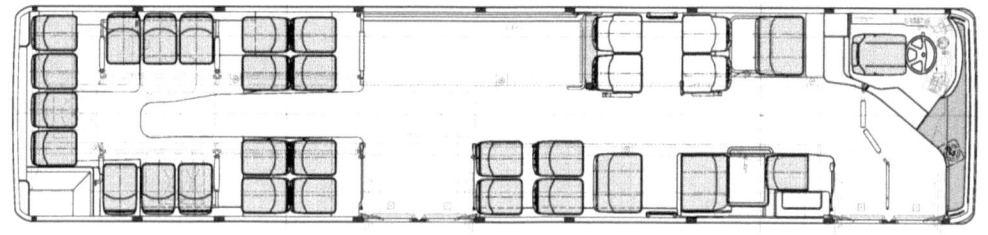

Allgemeine Daten

Baujahr	2012
Sitzplätze o. Fahrerplatz	30
Stehplätze	70
Gesamtplätze	100

Technische Daten

Eigengewicht	11.195 kg
Zul. Gesamtgewicht	18.000 kg
Zul. Achslast - Achse 1	7.245 kg
Zul. Achslast - Achse 2	11.500 kg
Zul. Achslast - Achse 3	-
Zul. Achslast - Achse 4	-
Länge	11.950 mm
Breite	2.550 mm
Höhe	3.400 mm
Höchstgeschwindigkeit	85 km/h
Reifengröße	275/70 R22,5
Wendekreis	21,03 m
Kraftstoff-/ Zusatztank	180 l & 100 l
Heizöltank	50 l
Ad-Blue-Tank	38 l
Motoröl / Nachfüllbeh.	25 l / 19,5 l
Kühlflüssigkeit	50 l
Motor	EvoBus, MB, EURO-5 Motor, OM 906 (h)LA
Hubraum	6.374 cm³
Leistung	210 kW (286 PS)
Getriebe	ZF Ecolife, AP 1200 (6-Gang)
Abgasnachbehandlung	SCR (AdBlue)

Ausrüstung

Klimaanlage	Spheros
Fahrzeug-Elektronik	ABS, ASR, BS, ENR, CPC, D-MUX
Türsystem	Pneumatische Innenschwenktür

Serie 1206-1210

Die fünf weiteren Wagen des Beschaffungsjahres 2012 erhielten abweichend eine dreitürige Ausführung mit Turmmotor und erhielten nach einigen Jahren Pause erstmals wieder Dachluken.
Ab dieser Beschaffung wurde die Frontstoßstange anstatt schwarz in rot lackiert.

Busscheibe 49 – Wagen-Nr. 1206 – 1210 EvoBus

Stadt-Omnibus Typ – O 530

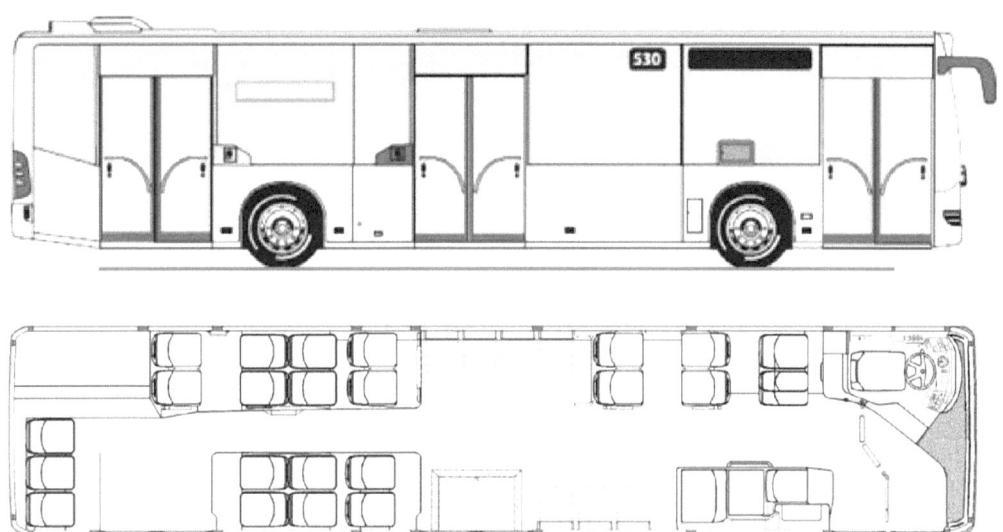

Allgemeine Daten

Baujahr	2012
Sitzplätze o. Fahrerplatz	26
Stehplätze	72
Gesamtplätze	98

Technische Daten

Eigengewicht	11.335 kg
Zul. Gesamtgewicht	18.000 kg
Zul. Achslast - Achse 1	7.245 kg
Zul. Achslast - Achse 2	11.500 kg
Zul. Achslast - Achse 3	-
Zul. Achslast - Achse 4	-
Länge	11.950 mm
Breite	2.550 mm
Höhe	3.400 mm
Höchstgeschwindigkeit	85 km/h
Reifengröße	275/70 R22,5
Wendekreis	21,03 m
Kraftstoff-/ Zusatztank	180 l & 100 l
Heizöltank	50 l
Ad-Blue-Tank	38 l
Motoröl / Nachfüllbeh.	25 l / 19,5 l
Kühlflüssigkeit	50 l
Motor	EvoBus, MB, EEV-Motor, OM 926 LA
Hubraum	7.200 cm³
Leistung	210 kW (286 PS)
Getriebe	ZF Ecolife, AP 1200 (6-Gang)
Abgasnachbehandlung	SCR (AdBlue)

Ausrüstung

Klimaanlage	Spheros
Fahrzeug-Elektronik	ABS, ASR, EBS, ENR, CPC, D-MUX
Türsystem	Pneumatische Innenschwenktür 1/2/3
Sonstiges	Rote Stoßstange, Außenausrufanlage, Dachluken

Serie 1211-1215

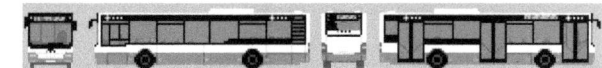

Erstmals seit 2004 wurden im Jahre 2012 wieder Busse von MAN beschafft. Es handelte sich unter anderem um fünf Stadtbusse in dreitüriger Ausführung und Turmmotor. Auch diese Fahrzeuge erhielten Dachluken.
Es handelte sich nun um Fahrzeuge des Typs MAN Lion's City.

Busscheibe 51 – Wagen-Nr. 1211 – 1215 MAN

Stadt-Omnibus Typ – Lion's City A37

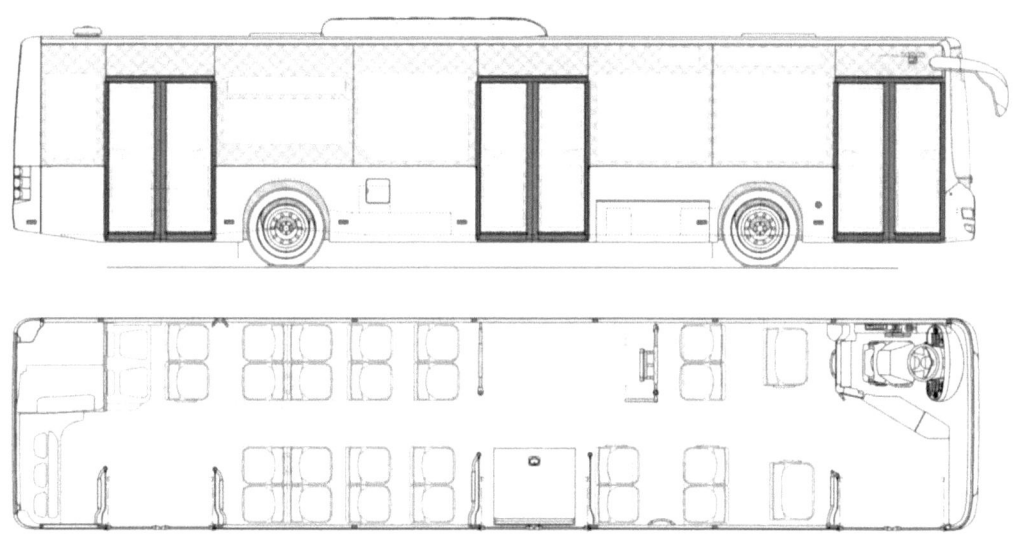

Allgemeine Daten

Baujahr	2012
Sitzplätze o. Fahrerplatz	27
Stehplätze	70
Gesamtplätze	97

Technische Daten

Eigengewicht	11.450 kg
Zul. Gesamtgewicht	17.800 kg
Zul. Achslast - Achse 1	6.300 kg
Zul. Achslast - Achse 2	11.500 kg
Zul. Achslast - Achse 3	-
Zul. Achslast - Achse 4	-
Länge	11.980 mm
Breite	2.500 mm
Höhe	2.985 mm
Höchstgeschwindigkeit	85 km/h
Reifengröße	275/70 R 22,5
Wendekreis	22,35 m
Kraftstoff-/ Zusatztank	280 l
Heizöltank	42 l
Ad-Blue-Tank	-
Motoröl / Nachfüllbeh.	30,5 l / 10 l
Kühlflüssigkeit	k.A.
Motor	MAN EEV D0836 LOH60
Hubraum	6.871 cm³
Leistung	213 kW (290 PS)

Getriebe	ZF Ecolife, AP 1200 (6-Gang)

Ausrüstung

Klimaanlage	Spheros
Fahrzeug-Elektronik	ABS, ASR, EBS, ENR
Türsystem	Pneumatische Innenschwenktür Tür 1/2 Pneumatische Ausschwenk- schiebetür Tür 3 / Ventura
Sonstiges	Dachluken Außenrufanlage

Serie 7261-7273

Die Gelenkbusserie vom Typ Citaro des Jahres 2012 entsprach in ihrer Ausführung weitgehend der Serie des Vorjahres.
Die Wagen 7261-7263 besaßen noch die schwarz lackierte Frontstoßstange, hatten aber schon Tagfahrlicht eingebaut. Die Wagen hatten noch keine Lachluken.
Bei den Wagen 7264-7273 wurde die Frontstoßstange bereits in rot lackiert und wieder Dachluken vorgesehen. Dafür verzichtete man auf Klappfenster im Heckbereich.

Busscheibe 98 – Wagen-Nr. 7261 – 7263 EvoBus

Stadt-Omnibus Typ – O 530 G

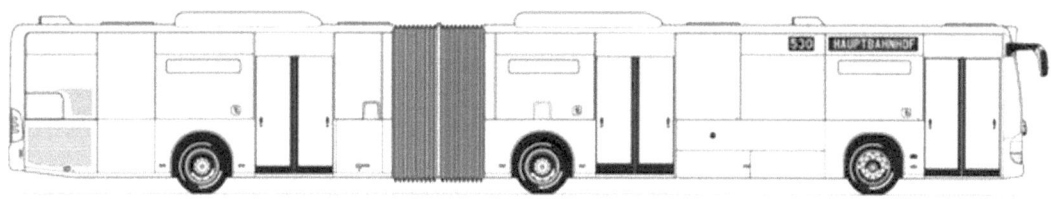

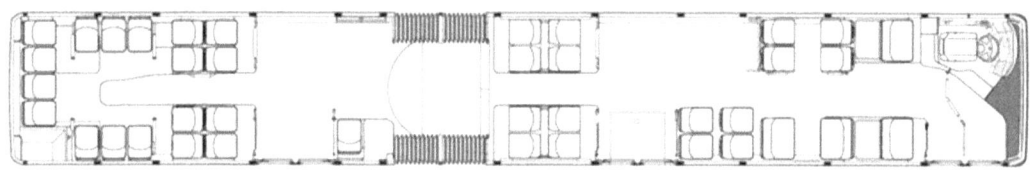

Allgemeine Daten

Baujahr	2012
Sitzplätze o. Fahrerplatz	39
Stehplätze	108
Gesamtplätze	147

Technische Daten

Eigengewicht	16.916 kg
Zul. Gesamtgewicht	28.000 kg
Zul. Achslast - Achse 1	7.245 kg
Zul. Achslast - Achse 2	10.000 kg
Zul. Achslast - Achse 3	11.500 kg
Zul. Achslast - Achse 4	-
Länge	17.940 mm
Breite	2.550 mm
Höhe	3.400 mm
Höchstgeschwindigkeit	85 km/h
Reifengröße	275/70 R22,5
Wendekreis	22,85 m
Kraftstoff-/ Zusatztank	150 l & 150 l / 100 l
Heizöltank	50 l
Ad-Blue-Tank	46 l
Motoröl / Nachfüllbeh.	33 l / 19,5 l
Kühlflüssigkeit	65 l
Motor	EvoBus, MB, EURO-5 Motor OM 457 (h)LA
Hubraum	11.967 cm^3
Leistung	220 kW (299 PS)
Getriebe	ZF Ecolife, AP 1400 (6-Gang)
Abgasnachbehandlung	SCR (AdBlue)

Ausrüstung

Klimaanlage	Spheros
Fahrzeug-Elektronik	ABS, ASR, BS, ENR, CPC, D-MUX
Türsystem	Pneumatische Innenschwenktür

Busscheibe 61 – Wagen-Nr. 7264 – 7273 EvoBus

Stadt-Omnibus Typ – O 530 G

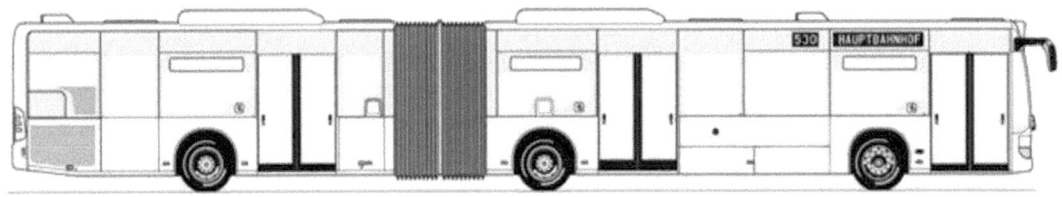

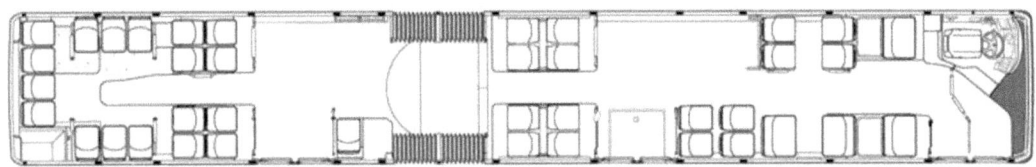

Allgemeine Daten

Baujahr	2012
Sitzplätze o. Fahrerplatz	39
Stehplätze	107
Gesamtplätze	146

Technische Daten

Eigengewicht	16.975 kg
Zul. Gesamtgewicht	28.000 kg
Zul. Achslast - Achse 1	7.245 kg
Zul. Achslast - Achse 2	10.000 kg
Zul. Achslast - Achse 3	11.500 kg
Zul. Achslast - Achse 4	-
Länge	17.940 mm
Breite	2.550 mm
Höhe	3.400 mm
Höchstgeschwindigkeit	85 km/h
Reifengröße	275/70 R22,5
Wendekreis	22,85 m
Kraftstoff-/ Zusatztank	150 l & 150 l / 100 l
Heizöltank	50 l
Ad-Blue-Tank	46 l
Motoröl / Nachfüllbeh.	33 l / 19,5 l
Kühlflüssigkeit	65 l
Motor	EvoBus, MB, EURO-5 Motor OM 457 (h)LA
Hubraum	11.967 cm^3
Leistung	220 kW (299 PS)

Getriebe	ZF Ecolife, AP 1400 (6-Gang) / Voith D 864.5 (4-Gang)
Abgasnachbehandlung	SCR (AdBlue)

Ausrüstung

Klimaanlage	Spheros
Fahrzeug-Elektronik	ABS, ASR, BS, ENR, CPC, D-MUX
Türsystem	Pneumatische Innenschwenktür
Sonstiges	Außenausrufanlage Dachluken Rote Stoßstange

Außerdem im Handel:

Carsten Christier
Fahrzeuge der Hamburger U-Bahn: Der DT1

ISBN: 978-3-74122-194-1

16,90 EUR

Carsten Christier
Marcel Auktun
Fahrzeuge der Hamburger U-Bahn: Der DT2

ISBN: 978-3-73924-847-9

22,90 EUR

und in Kürze erhältlich:

Carsten Christier
Fahrzeuge der Hamburger U-Bahn: Arbeitsfahrzeuge

ISBN: 978-3-741-28896-8   für 18,90 EUR

Serie 7274-7278

Analog zu den Stadtbussen erhielt die Hochbahn im Jahre 2012 auch fünf Gelenkbusse des Typs Lion's City von MAN.
Auch diese Fahrzeuge erhielten wieder Dachluken. Im Gegensatz zu den Stadtbussen wurden diese Fahrzeuge mit liegendem Motor beschafft.

Busscheibe 62 – Wagen-Nr. 7274 – 7278 MAN

Stadt-Omnibus Typ – MAN Lion's City A23

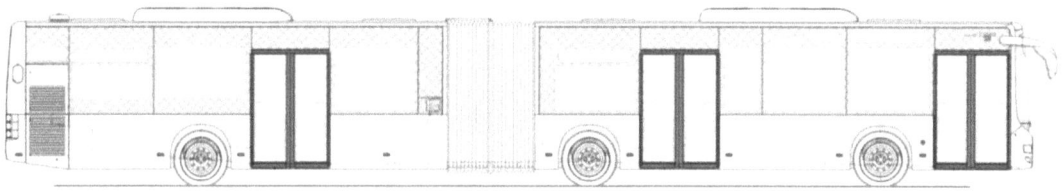

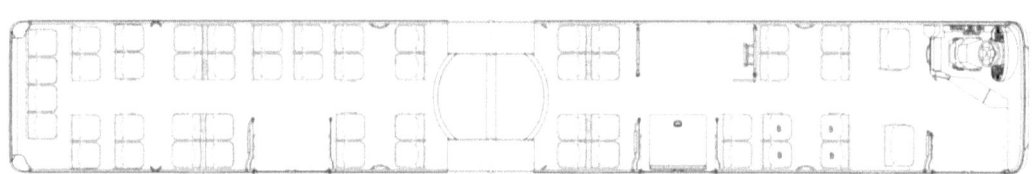

Allgemeine Daten

Baujahr	2012
Sitzplätze o. Fahrerplatz	45
Stehplätze	100
Gesamtplätze	145

Technische Daten

Eigengewicht	17.000 kg
Zul. Gesamtgewicht	27.800 kg
Zul. Achslast - Achse 1	6.300 kg
Zul. Achslast - Achse 2	10.000 kg
Zul. Achslast - Achse 3	11.500 kg
Zul. Achslast - Achse 4	
Länge	17.880 mm
Breite	2.500 mm
Höhe	2.985 mm
Höchstgeschwindigkeit	84 km/h
Reifengröße	275/70 R22,5
Wendekreis	23,40 m
Kraftstoff-/ Zusatztank	350 l
Heizöltank	81 l
Ad-Blue-Tank	-
Motoröl / Nachfüllbeh.	42 l / 10 l
Kühlflüssigkeit	k.A.
Motor	MAN, EEV Motor, D2066 LUH47
Hubraum	10.518 cm^3
Leistung	235kW (320PS)
Getriebe	Voith Diwa 864.5 (4-Gang)
Abgasnachbehandlung	CRT (HJS 61 CSMF)

Ausrüstung

Klimaanlage	Spheros
Fahrzeug-Elektronik	ABS, ASR, EBS, ENR
Türsystem	Pneumatische Innenschwenktür
Sonstiges	Außenausrufanlage Dachluken Rote Stoßstange

Serie 7281-7282

Im Jahre beschaffte die Hochbahn fünf Probegelenkbusse im neuen Citaro 2 Design. Die ersten beiden dieser Fahrzeuge waren noch mit liegenden Euro 5 Motor ausgestattet und verfügten noch über eine schwarz lackierte Frontstoßstange.
Von der Ausstattung entsprechen diese zwei Fahrzeuge den Stadtbussen des Vorjahres (1181-1184).

Busscheibe 99 – Wagen-Nr. 7281 – 7282 EvoBus

Stadt-Omnibus Typ – O 530 G (Citaro 2)

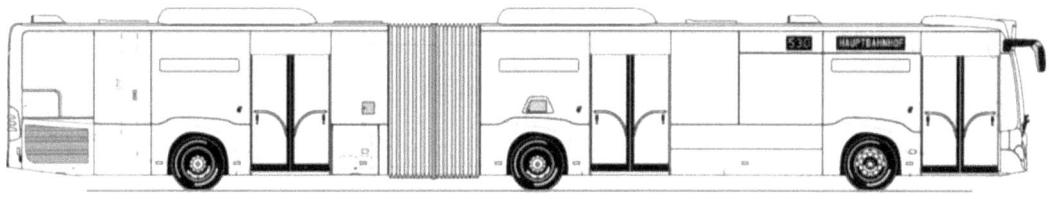

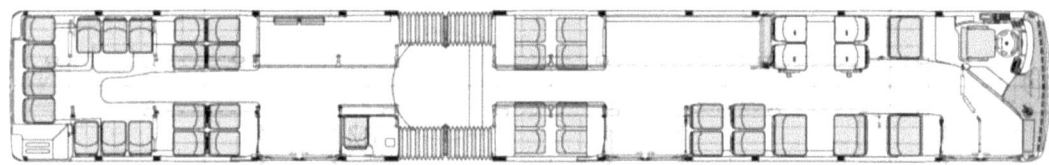

Allgemeine Daten
Baujahr	2012
Sitzplätze o. Fahrerplatz	39
Stehplätze	105
Gesamtplätze	144

Technische Daten
Eigengewicht	16.895 kg
Zul. Gesamtgewicht	28.000 kg
Zul. Achslast - Achse 1	7.245 kg
Zul. Achslast - Achse 2	10.000 kg
Zul. Achslast - Achse 3	11.500 kg
Zul. Achslast - Achse 4	-
Länge	18.095 mm
Breite	2.550 mm
Höhe	3.200 mm
Höchstgeschwindigkeit	85 km/h
Reifengröße	275/70 R22,5
Wendekreis	22,97 m
Kraftstoff-/ Zusatztank	150 l & 150 l / 100 l
Heizöltank	50 l
Ad-Blue-Tank	46 l
Motoröl / Nachfüllbeh.	33 l / 19,5 l
Kühlflüssigkeit	65 l
Motor	EvoBus, MB, EURO-5 Motor OM 457 (h)LA
Hubraum	11.967 cm^3
Leistung	220 kW (299 PS)

Getriebe	ZF Ecolife, AP (6-Gang) / VOITH DIWA.5, (4-Gang)
Abgasnachbehandlung	SCR (AdBlue)

Ausrüstung
Klimaanlage	Spheros
Fahrzeug-Elektronik	ABS, ASR, EBS, ENR, CPC, D-MUX
Türsystem	Pneumatische Innenschwenktür
Sonstiges	Fahrerschutzscheibe

Serie 7283-7285

Die weiteren drei Gelenkbusse der Probeserie wurden bereits mit Turmmotor und der Abgasnorm Euro 6 ausgeliefert. Sie erhielten eine rot lackierte Stoßstange.
Wagen 7285 wurde bereits 2015 aufgrund technischer Mängel an Evobus zurück gegeben.

Busscheibe 60 – Wagen-Nr. 7283 – 7285 EvoBus

Stadt-Omnibus Typ – O 530 G (C2 EURO 6)

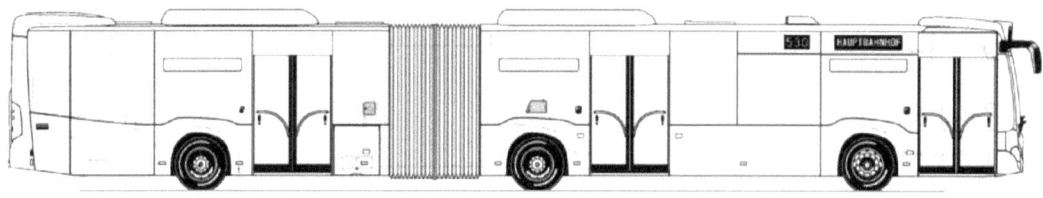

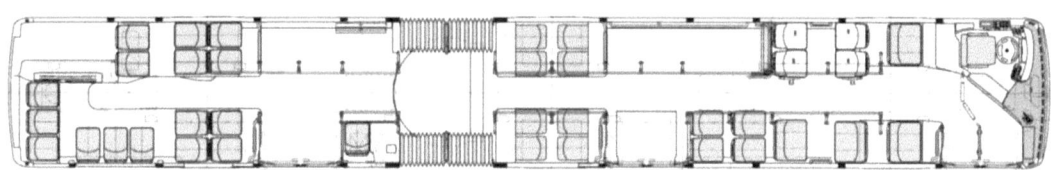

Allgemeine Daten

Baujahr	2012
Sitzplätze o. Fahrerplatz	38
Stehplätze	109
Gesamtplätze	147

Technische Daten

Eigengewicht	16.985 kg
Zul. Gesamtgewicht	28.000 kg
Zul. Achslast - Achse 1	7.245 kg
Zul. Achslast - Achse 2	10.000 kg
Zul. Achslast - Achse 3	11.500 kg
Zul. Achslast - Achse 4	-
Länge	18.125 mm
Breite	2.550 mm
Höhe	3.350 mm
Höchstgeschwindigkeit	85 km/h
Reifengröße	275/70 R22,5
Wendekreis	22,97 m
Kraftstoff-/ Zusatztank	ca. 150 l & 150 l / 100 l
Heizöltank	ca. 180 l
Ad-Blue-Tank	ca. 33 l
Motoröl / Nachfüllbeh.	ca. 33 l / 19,5 l
Kühlflüssigkeit	ca. 65 l
Motor	EvoBus, MB, EURO-6 Motor OM 470 (h)LA
Hubraum	10.700 cm^3
Leistung	265 kW (360 PS)

Getriebe	ZF Ecolife AP (6-Gang)
Abgasnachbehandlung	AGR, DPF, SCR (AdBlue)

Ausrüstung

Klimaanlage	Revo C2
Fahrzeug-Elektronik	ABS, ASR, EBS, ENR, CPC, D-MUX
Türsystem	Pneumatische Innenschwenktür
Sonstiges	Rote Stoßstange Regeneration

Serie 1301-1305

Die ersten fünf Stadtbusse des Baujahres 2013 verfügen wieder über die dreitürige Ausstattung und waren weitesgehend identisch mit den Fahrzeugen 1206-1210 des Vorjahres.

Busscheibe 52 – Wagen-Nr. 1301 – 1305 EvoBus

Stadt-Omnibus Typ – O 530

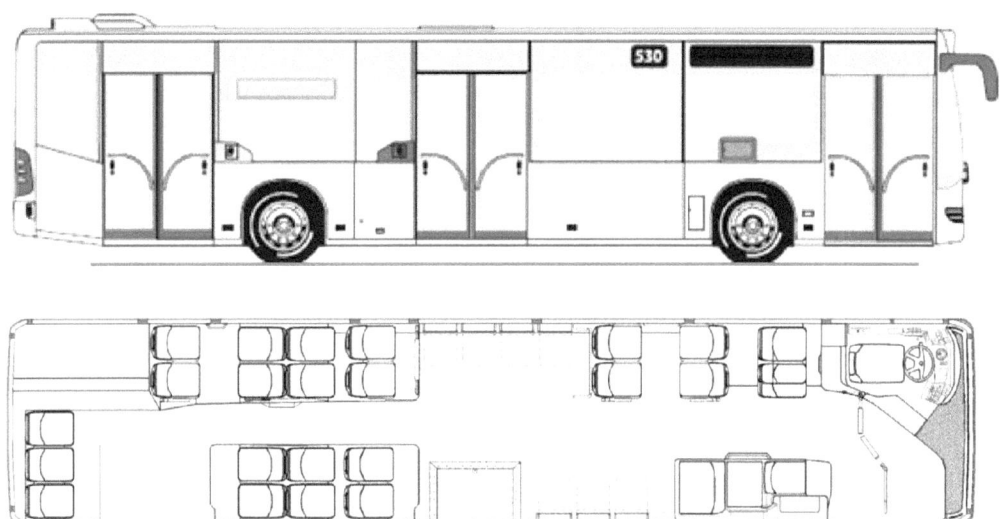

Allgemeine Daten

Baujahr	2013
Sitzplätze o. Fahrerplatz	26
Stehplätze	72
Gesamtplätze	98

Technische Daten

Eigengewicht	11.335 kg
Zul. Gesamtgewicht	18.000 kg
Zul. Achslast - Achse 1	7.245 kg
Zul. Achslast - Achse 2	11.500 kg
Zul. Achslast - Achse 3	-
Zul. Achslast - Achse 4	-
Länge	11.950 mm
Breite	2.550 mm
Höhe	3.400 mm
Höchstgeschwindigkeit	85 km/h
Reifengröße	275/70 R22,5
Wendekreis	21,03 m
Kraftstoff-/ Zusatztank	180 l & 100 l
Heizöltank	50 l
Ad-Blue-Tank	38 l
Motoröl / Nachfüllbeh.	25 l / 19,5 l
Kühlflüssigkeit	50 l
Motor	EvoBus, MB, EEV-Motor, OM 926 LA
Hubraum	7.200 cm^3
Leistung	210 kW (286 PS)
Getriebe	ZF Ecolife, AP 1200 (6-Gang)
Abgasnachbehandlung	SCR (AdBlue)

Ausrüstung

Klimaanlage	Spheros
Fahrzeug-Elektronik	ABS, ASR, EBS, ENR, CPC, D-MUX
Türsystem	Pneumatische Innenschwenktür 1/2/3
Sonstiges	Rote Stoßstange
	Außenausrufanlage
	Dachluken

Serie 1306-1330

Die weitere Stadtbusserie des Jahres 2013 entspricht der ersten Serie, ist allerdings nur zweitürig mit liegendem Euro 5 Motor ausgeführt. Die Stadtbusse hatten seit dieser Serie abweichend im hinteren Bereich keine Klappfenster mehr.
Mit dieser Stadtbusserie endete bei der Hamburger Hochbahn die Beschaffung von zweitürigen Linienbussen, sowie auch die Beschaffung des Evobus Citaro Facelift Modells.

Busscheibe 53 – Wagen-Nr. 1306 – 1325 EvoBus

Stadt-Omnibus Typ – O 530

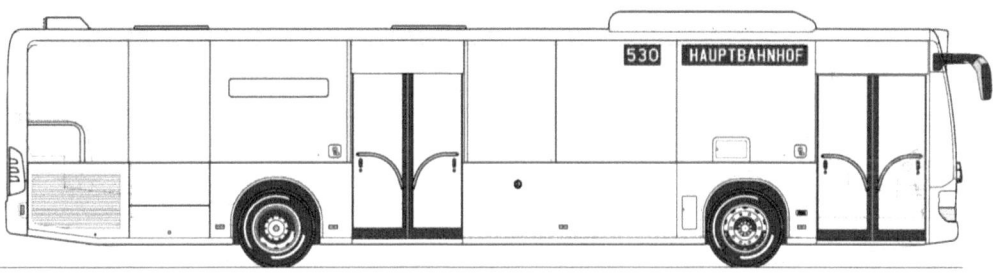

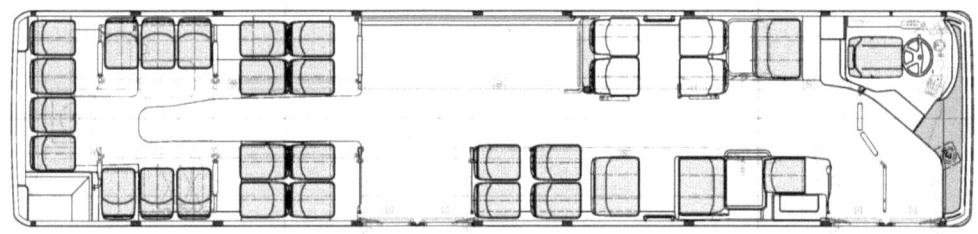

Allgemeine Daten

Baujahr	2012
Sitzplätze o. Fahrerplatz	30
Stehplätze	70
Gesamtplätze	100

Technische Daten

Eigengewicht	11.195 kg
Zul. Gesamtgewicht	18.000 kg
Zul. Achslast - Achse 1	7.245 kg
Zul. Achslast - Achse 2	11.500 kg
Zul. Achslast - Achse 3	-
Zul. Achslast - Achse 4	-
Länge	11.950 mm
Breite	2.550 mm
Höhe	3.400 mm
Höchstgeschwindigkeit	85 km/h
Reifengröße	275/70 R22,5
Wendekreis	21,03 m
Kraftstoff-/ Zusatztank	180 l & 100 l
Heizöltank	50 l
Ad-Blue-Tank	38 l
Motoröl / Nachfüllbeh.	25 l / 19,5 l
Kühlflüssigkeit	50 l
Motor	EvoBus, MB, EURO-5 Motor, OM 906 (h)LA
Hubraum	6.374 cm³
Leistung	210 kW (286 PS)
Getriebe	ZF Ecolife, AP 1200 (6-Gang)
Abgasnachbehandlung	SCR (AdBlue)

Ausrüstung

Klimaanlage	Spheros
Fahrzeug-Elektronik	ABS, ASR,BS, ENR, CPC, D-MUX
Türsystem	Pneumatische Innenschwenktür
Sonstiges	Außenausrufanlage Dachluken Rote Stoßstange

Serie 1331-1335

Auch im Jahre 2013 beschaffte die Hamburger Hochbahn eine weitere Serie an MAN-Stadtbussen. Diese entspricht der Serie des Vorjahres.

Serie 6301-6302

Als Ersatz für die bisherigen Bereitschaftswagen, welche fortan in den normalen Liniendienst gingen, beschaffte die Hamburger Hochbahn im Jahr 2013 zwei Citaro LE in Schnellbus-Ausführung, wenn auch nicht als solche explizit gekennzeichnet.
Mit Ausnahme einer kleinen 'Änderung der Bestuhlung, entspricht die Ausstattung weitesgehend den anderen zwei Citaro LE des Baujahres 2010.

Serie 1381-1383

Als Euro 6 Probewagen beschaffte die Hochbahn im Jahr 2013 drei Fahrzeuge des Typs C2. Diese Fahrzeuge waren mit liegendem Motor und stehendem Kühler ausgeführt.
Eigentlich waren die Fahrzeuge bereits für das Jahr 2012 geplant, wurden allerdings erst im Jahr 2013 ausgeliefert.

Busscheibe 50 – Wagen-Nr. 1381 – 1383 EvoBus

Stadt-Omnibus Typ – O 530 (C2 EURO 6)

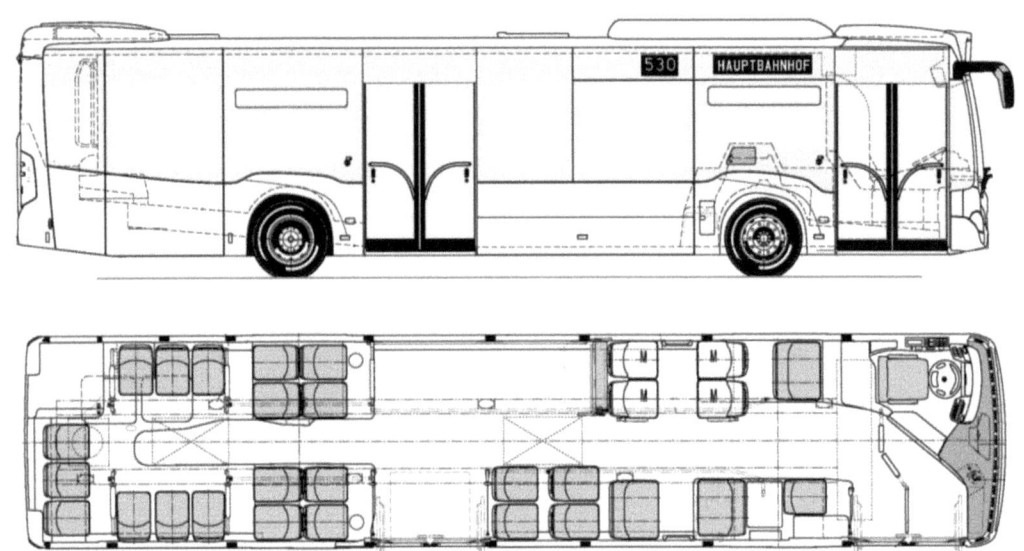

Allgemeine Daten

Baujahr	2013
Sitzplätze o. Fahrerplatz	30
Stehplätze	74
Gesamtplätze	104

Technische Daten

Eigengewicht	11.315 kg
Zul. Gesamtgewicht	18.000 kg
Zul. Achslast - Achse 1	7.245 kg
Zul. Achslast - Achse 2	11.500 kg
Zul. Achslast - Achse 3	-
Zul. Achslast - Achse 4	-
Länge	12.135 mm
Breite	2.550 mm
Höhe	3.400 mm
Höchstgeschwindigkeit	85 km/h
Reifengröße	275/70 R22,5
Wendekreis	21,214 m
Kraftstoff-/ Zusatztank	ca. 180 l & 100 l
Heizöltank	ca. 50 l
Ad-Blue-Tank	ca. 38 l
Motoröl / Nachfüllbeh.	ca. 25 l / 19,5 l
Kühlflüssigkeit	ca. 50 l
Motor	EvoBus, MB, EURO-6 Motor, OM 936
Hubraum	7.700 cm³
Leistung	220 kW (299 PS)

Getriebe	ZF Ecolife AP (6-Gang)
Abgasnachbehandlung	SCR (AdBlue)

Ausrüstung

Klimaanlage	Spheros
Fahrzeug-Elektronik	ABS, ASR, BS, ENR, CPC, D-MUX
Türsystem	Pneumatische Innenschwenktür
Sonstiges	Dachluken Rote Stoßstange

Serie 7301-7346

Die große Gelenkbusbeschaffung des Jahres 2013 bildete auch hier den Abschluss der Beschaffung des Citaro Facelift Modells. Die Fahrzeuge entsprachen weitgehend der letzten Citaro Facelift Gelenkbusserie des Vorjahres (Wagen 7264-7273).

Busscheibe 63 – Wagen-Nr. 7301 – 7336 EvoBus

Stadt-Omnibus Typ – O 530 G

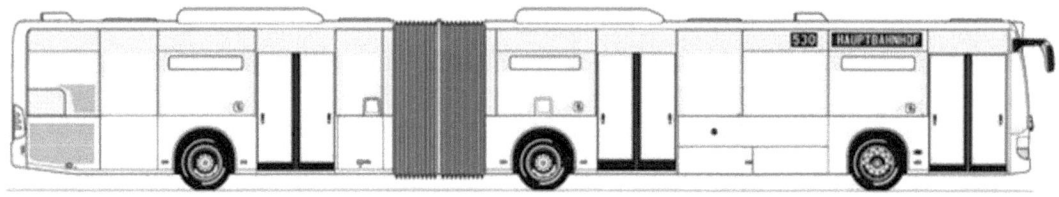

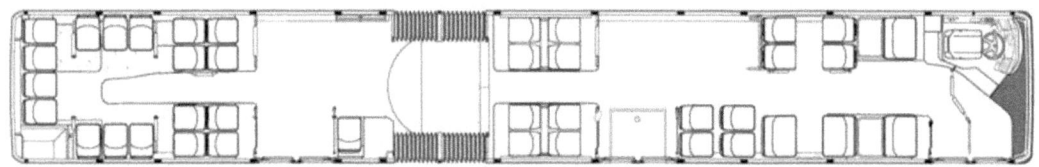

Allgemeine Daten

Baujahr	2012
Sitzplätze o. Fahrerplatz	39
Stehplätze	109
Gesamtplätze	148

Technische Daten

Eigengewicht	16.975 kg
Zul. Gesamtgewicht	28.000 kg
Zul. Achslast - Achse 1	7.245 kg
Zul. Achslast - Achse 2	10.000 kg
Zul. Achslast - Achse 3	11.500 kg
Zul. Achslast - Achse 4	-
Länge	17.940 mm
Breite	2.550 mm
Höhe	3.400 mm
Höchstgeschwindigkeit	85 km/h
Reifengröße	275/70 R22,5
Wendekreis	22,85 m
Kraftstoff-/ Zusatztank	150 l & 150 l / 100 l
Heizöltank	50 l
Ad-Blue-Tank	46 l
Motoröl / Nachfüllbeh.	33 l / 19,5 l
Kühlflüssigkeit	65 l
Motor	EvoBus, MB, EURO-5 Motor OM 457 (h)LA
Hubraum	11.967 cm^3
Leistung	220 kW (299 PS)

Getriebe	ZF Ecolife, AP 1400 (6-Gang) / Voith D 864.5 (4-Gang)
Abgasnachbehandlung	SCR (AdBlue)

Ausrüstung

Klimaanlage	Spheros
Fahrzeug-Elektronik	ABS, ASR, BS, ENR, CPC, D-MUX
Türsystem	Pneumatische Innenschwenktür
Sonstiges	Außenausrufanlage Dachluken Rote Stoßstange

Serie 7347-7350

Die Gelenkbusbeschaffung des Jahres 2013 beinhaltete auch wieder vier Fahrzeuge des Herstellers MAN. Die Fahrzeuge entsprachen denen des Vorjahres.

Wagen 7361

Als Probewagen erhielt die Hochbahn noch im Jahre 2013 einen fünftürigen Gelenkbus der Marke MAN. Das Fahrzeug verfügt über ein neues Lackdesign, Designaufbauten auf dem Dach, sowie ein lichtdurchlässiges Gelenk.

Das Fahrzeug ist mit 18,75m länger als die bisher beschafften Gelenkfahrzeuge. Die Türen sind mit Ausnahme der dritten Tür als Innenschwenktüren ausgeführt, die dritte Tür ist eine Außenschiebetür.

Serie 1401-1405

Mit der Stadtbus-Beschaffung des Baujahre 2014 begann bei der Hochbahn die serienmäßige Beschaffung des Citaro 2 bei der Hochbahn.
Diese Fahrzeuge verfügen nun über einen stehenden Motor. Die Fahrzeuge sind als dreitürige Fahrzeuge ausgeführt. Die Sitzplätze am Heck entfielen und es wurde nur ein gepolsterter Bereich zum Anlehnen eingebaut.
Die Hecktüren sind beide als Außenschiebetüren ausgeführt.

Serie 1406-1410

Zusätzlich zu der ersten C2-Serie beschaffte die Hochbahn im Jahre 2014 auch eine weitere Serie an MAN-Stadtbussen, welche ebenfalls dreitürig mit Euro 6 Motor ausgeführt wurden.
Wie bereits bei der letzten Serie ist die mittlere Tür als Innenschwenk- und die hintere als Außenschiebetür ausgeführt.

Serie 1471-1475

Im Rahmen des Testprogramms zur Beschaffung emissionsarmer Fahrzeuge beschaffte die Hochbahn im Jahr 2014 eine größere Anzahl an Hybridfahrzeugen.
Bei dieser Serie handelte es sich um Volvo Solofahrzeuge mit einem Dieselhybridantrieb. Sie sind ebenfalls als dreitürige Fahrzeuge ausgeführt.

Serie 1476-1482

Ursprünglich für die Hochbahn-Tochter Jasper wurden sieben weitere Volvo-Hybridbusse beschafft, welche in ihrer Ausstattung den Hochbahn-Fahrzeugen glichen. Sie wurden 2015 von der Hochbahn übernommen.

Serie 1491-1493

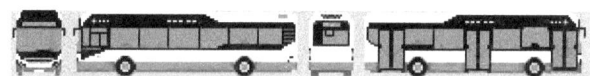

Als weitere Probefahrzeuge wurden im Jahr 2014 drei sogenannte Nachlade-Hybridbusse von Volvo beschafft.
Diese Fahrzeuge verfügen über die Möglichkeit, über Ladestationen mit einem Bügel über das Dach, an den Endhaltestellen nachgeladen zu werden.
Damit soll die rein elektrisch gefahrene Reichweite erhört werden. Nachladestationen wurden an der Linie 109 in Alsterdorf und am Hamburger ZOB installiert.

Serie 7430-7458

Analog zur Stadtbus-Beschaffung erhielt die Hochbahn im Jahr 2014 eine größere erste Serie an Evobus C2 Gelenkbussen mit Euro 6 Turmmotor.
Die mittlere Tür der Fahrzeuge ist als Außenschiebetür ausgeführt.

Im Vergleich zu den Probefahrzeugen von 2012 gibt es im Innenraum kleinere Designanpassungen.

Serie 7460-7464

Auch im Jahr 2014 beschaffte die Hochbahn weitere Gelenkbusse von MAN. Die Fahrzeuge entsprachen der Vorjahreslieferung. Die zweite Tür ist jetzt als Außenschiebetür ausgeführt.

Serie 7471-7485

Als Ergänzung zu den Solofahrzeugen beschaffte die Hochbahn im Jahre 2014 auch 15 Dieselhybrid-Gelenkbusse von Volvo.
Diese wurden zusammen mit den anderen Hybridfahrzeugen auf der Linie 109 erprobt. Sie sind als viertürige Fahrzeuge ausgeführt.

Serie 7491-7492

Für den Probebetrieb auf der Linie 109 beschaffte die Hochbahn im Jahre 2014 auch zwei Fahrzeuge von Solaris.
Diese sind als Brennstoffzellenelektrohybrid ausgeführt.

Serie 1501-1510

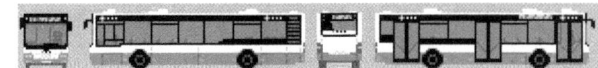

Im Jahre 2015 wurde eine weitere Serie an MAN-Stadtbussen beschafft, die weitgehend mit der Vorjahresserie identisch ist.
Als Test erhielten die ersten fünf Fahrzeuge andere kleine Klimaanlagen auf dem Dach, die weiteren fünf erhielten die Regelausführung.
Wagen 1510 erhielt eine neue Testlackierung.

Serie 7511-7520

Passend zur MAN-Stadtbusserie erhielt die Hochbahn auch zehn Gelenkbusse. Auch hier erhielten die ersten fünf Fahrzeuge die neue Probeausführung der Klimaanlage.

Serie 7521-7530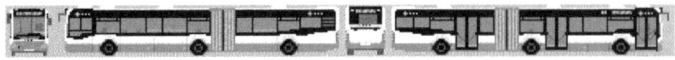

Als Ergänzung zur MAN-Gelenkbusserie beschaffte die Hochbahn im Jahr 2015 noch eine Gelenkbusserie von Evobus.
Die Fahrzeuge sind weitgehend identisch zur Vorjahreslieferung. Die Haltewunsch-Drücker erhielten erstmals Blindenschrift.
Auch hier erhielten die ersten fünf Wagen die Probeausführung der Klimaanlage.

Serie 7581-7582 (später umgezeichnet in 4501-4502)

Als Ersatz für die in die Jahre kommenden Doppelgelenkbusse auf der Metrobuslinie 5 beschaffte die Hochbahn im Jahre 2015 zwei Gelenkbusse des Typs Evobus Capacity L (Projekt Capacity Plus), der mit 21 Metern Länge speziell für die Hochbahn entwickelt wurde.

Serie 1601-1620

Im Jahre 2016 beschaffte die Hamburger Hochbahn 20 weitere Evobus Citaro 2 als Solofahrzeuge.
Als einzige markante Änderungen zur letzten Serie wurde die Dachverkleidung am Frontbereich verändert und verkürzt.

Serie 1691-1693

Im Jahre 2016 beschaffte die Hochbahn drei Solaris Solofahrzeuge im NewEdge Design als Nachlade-Elektrobusse. Die Typbezeichnet heißt Urbino 12 Electric.

Serie 7611-7617

Außerdem beschaffte die Hochbahn im Jahre 2016 noch sieben Gelenkbusse vom Typ Mercedes Benz C2G.
Wie bei den Solofahrzeugen dieses Baujahres bezieht sich die Änderung zur letzten Serie auf die Dachverkleidung im Frontbereich.

Zur Drucklegung des Buches im Oktober 2016 war dies die letzte beschaffte Fahrzeugserie bei der Hamburger Hochbahn.

Geplant für das Jahr 2016 sind zum Zeitpunkt der Drucklegung noch weitere Evobus Capacity L, fünf Solobusse mit Dieselantrieb von Solaris, sowie weitere Solo- und Gelenkfahrzeuge.

Bildverzeichnis:

Hamburger Hochbahn:

Serien 1801-35, 1840-63, 1890-92, 1906-14, 7001-05 oben, 7006-27, 7201-05 oben, 7206-24 oben, 5310, 2371-79 (erste zwei), 7400, 6404-20, 8501-10 oben, 2703-63 oben, 8701-15 oben, 7838-62, 1101-19 unten, 1141-44, 7151-53, 9201-02 unten, 1491-93 unten, 7471-85 oben, 7521-30 unten, 7581-82 oben, 1691-93

HBW Hamburger Buswerbung:

Serie 6401-03, Wagen 7706, Serien 6101-02, 7101-02, Wagen 1382